FEMINISTA, EU?

f.e
nis
eu

HELOISA BUARQUE DE HOLLANDA

mi-
a,
?

LITERATURA CINEMA NOVO MPB

BAZAR DO TEMPO

© Bazar do Tempo, 2022
© Heloisa Buarque de Hollanda, 2022

Todos os direitos reservados e protegidos pela Lei n° 9610 de 12.2.1998. É proibida a reprodução total ou parcial sem a expressa anuência da editora.

Este livro foi revisado segundo o Acordo Ortográfico da Língua Portuguesa de 1990, em vigor no Brasil desde 2009.

EDITORA
ANA CECILIA IMPELLIZIERI MARTINS

COORDENAÇÃO EDITORIAL
CRISTIANE DE ANDRADE REIS

ASSISTENTE EDITORIAL
MEIRA SANTANA

PESQUISA
ANNA BUSTAMANTE SANTOS
GIULIA RIBEIRO
PÊ MOREIRA
RACHEL MATTOS
ROZZI BRASIL

COPIDESQUE
CAROLINA LEOCÁDIO

REVISÃO
MARIANA OLIVEIRA

PROJETO GRÁFICO
SÔNIA BARRETO

DIAGRAMAÇÃO
SUSAN JOHNSON

CIP-BRASIL. CATALOGAÇÃO NA PUBLICAÇÃO
SINDICATO NACIONAL DOS EDITORES DE LIVROS, RJ

H68f
    Hollanda, Heloisa Buarque de, 1939
    Feminista, eu? : literatura, cinema novo e MPB / Heloisa Buarque de Hollanda. 1. ed. - Rio de Janeiro : Bazar do Tempo, 2022

    224 p. ; 21 cm.

    ISBN 978-65-86719-92-5

    1. Feminismo - Brasil. 2. Mulheres e literatura. 3. Mulheres no cinema. 4. Música popular - Brasil. 5. Mulheres - Brasil - Atitudes. I. Título.

22-76916   CDD: 305.420981   CDU: 141.72(81)

Meri Gleice Rodrigues de Souza - Bibliotecária - CRB-7/6439

 BAZAR DO TEMPO
PRODUÇÕES E EMPREENDIMENTOS CULTURAIS LTDA.

Rua General Dionísio, 53, Humaitá
22271-050 – Rio de Janeiro – RJ
contato@bazardotempo.com.br
www.bazardotempo.com.br

Para Rachel de Queiroz,
que tinha verdadeiro pavor
de ser reconhecida como
feminista. Perdeu, Rachel!
Saudade tanta.

SUMÁRIO

BASTIDORES — 9

CAPÍTULO I
O QUE FAZER? — 17

CAPÍTULO II
PALAVRA DE MULHER — 39

CAPITULO III
AS BARRICADAS DO CINEMA NOVO — 77

CAPÍTULO IV
ENFRENTANDO A MPB — 141

MINIADVERTÊNCIA À GUISA DE CONCLUSÃO — 213

REFERÊNCIAS BIBLIOGRÁFICAS — 219

ENTREVISTAS PARA O LIVRO — 223

astic
res

BASTIDORES

Este livro teve tantas idas e vindas, tantas metas imaginadas e tantas outras quase realizadas que senti a necessidade de abrir seus bastidores às leitoras e aos leitores.

A ideia de escrever *Feminista, eu?* veio no meio do turbilhão que acompanhou minha descoberta – e posterior paixão – pelas feministas da chamada quarta onda. Encontrei nelas, de repente, minhas netas políticas, cheias de vontade e determinação, exatamente como eu tinha sido nos idos de 1960.

Exagerei no que pensei ser a minha missão no contexto. Vi como meu dever passar tudo o que eu tinha e sabia para elas com uma urgência igualmente exagerada.

Comecei por meu paideuma teórico. Sem muito tempo entre o pensar e o fazer, recolhi e selecionei as leituras que me constituíram nas décadas de 1980 e 1990 e construí uma sequência articulada de textos que foram revelando os desdobramentos conceituais com os quais me deparei, sobressaltada, durante o início da minha vida como feminista acadêmica.

Nasceu, dessa forma, uma primeira série de coletâneas de textos totalmente pensada para as jovens feministas do século XXI.

Procurei os conceitos seminais com os quais eu havia entrado no jogo teórico desse novo campo de conhecimento. Noções com as quais eu fui descobrindo como pensar "feministicamente", como articular meus primeiros escritos baseados em leituras de tantos textos iluminados com marca-textos fluorescentes, tantas fichas, fichamentos e fichários.

Como estava chegando da academia estadunidense, um pouco ao contrário das modas acadêmicas fascinadas com o novo e com o eurocentrado, foquei bastante a minha atenção no trabalho das primeiras pensadoras brasileiras, sua dicção marxista, suas particularidades como a de um pensamento que conseguiu desafiar o rigor da censura de uma ditadura militar. Percebi que, talvez, os textos dessas tantas pensadoras feministas brasileiras, sem dúvida prolíficas, não se encontrassem facilmente acessíveis às novas gerações de mulheres. Assim como não estavam os textos do recente pensamento feminista decolonial latino-americano e do debate *queer* – que se espalhava rapidamente nas novas gerações LGBT –, com os quais eu também estava começando a trabalhar e que descobria naquele momento.

Resumindo, o resultado foi a publicação da coleção "Pensamento Feminista" pela Bazar do Tempo, que reúne quatro volumes. São mais de 1.600 páginas de textos escolhidos, vistos e revistos, sempre dedicados às minas, mas faltava o principal...

Percebi que, para muitas jovens, o feminismo estava sendo inventado ali, no espaço das manifestações de rua e nos teclados dos notebooks e celulares. E eu, durante quase cinquenta anos de relação com as feministas, ouvi tantas histórias tristes e alegres, feitos, relatos, conquistas, derrotas, verossímeis ou não, mas todos, em seu conjunto, seguramente importantíssimos para a recuperação de momentos fundamentais da história do feminismo brasileiro. Eu me lembrava, mas não provava.

Era hora de arregaçar as mangas e começar uma pesquisa que registrasse, de vez, o que só circulava em conversas, trabalhos esparsos, fragmentos de notícias, fotos e lembranças. Cheia de energia, fui procurar duas amigas que poderiam me orientar nessa viagem: Branca Moreira Alves e Jacqueline Pitanguy, duas protagonistas da criação e da consolidação do movimento feminista brasileiro.

O encontro foi lindo, como acontece entre mulheres que compartilharam os mesmos sonhos, frequentaram os mesmos lugares, tiveram os mesmos amigos e voltam a se ver décadas depois. Muitos saquinhos de biscoitos acompanharam nossas conversas, parte importante do ritual desses reencontros, repletos de afeto e militância.

A boa surpresa foi que, se era minha a ideia de recuperar a memória daqueles momentos iniciais do nosso feminismo, era também a daquelas mulheres e elas já tinham começado. O conceito era o mesmo: não deixar desaparecer as histórias não escritas.

Acertamos que Jacque e Branquinha (como eu sempre as chamei) escreveriam sobre o movimento, enquanto eu – que sempre atuei na área da educação e da cultura – discorreria sobre o impacto do movimento nos novos projetos culturais, como o Cinema Novo, a MPB e nas artes da palavra (sempre a palavra) que surgiram com força política na mesma época em que "nascia" o feminismo entre nós.

Ainda que as produtoras culturais mulheres não se identificassem oficial, profissional e publicamente com as políticas do movimento feminista, a força libertária dos meados dos anos 1970 e dos reflexos da Década Internacional das Mulheres, decretada pela ONU, teve efeitos transformadores. A fala forte das mulheres na música, no cinema e na produção literária chegou, atravessou barreiras, encarou alguns clubes do Bolinha e disse o que quis dizer. Momento belo, forte e surpreendente.

Mergulhei nesse dever de casa sempre tentando acompanhar e me sintonizar com a pesquisa da Jacque e da Branca. Mas procurar a história não é fácil e desvia a nossa atenção e os nossos objetivos de maneira persecutória. Acabou que, apesar de todo o esforço na busca por unidade, os textos foram ganhando formas próprias, a partir de perguntas e desejos específicos. Nasceram, então, livros-irmãos: *Feminismo no Brasil: memórias de quem fez acontecer*, assinado pela Jacque e pela Branca, e *Feminista, eu? – Literatura, Cinema Novo e MPB*, assinado por mim. Ficamos felizes e o nascimento de ambos é motivo para festejarmos com muita alegria, procurando sempre a unidade entre eles. Obrigada, Jacque. Obrigada, Branquinha. Trabalhar com vocês é muito bom. Ser amiga de vocês também.

OBS: 1) Seria injusto e meio imoral não registrar o papel da Ana Cecilia Impellizieri Martins, a Ciça, na minha produção feminista recente, incluindo esta aventura dos livros-irmãos. As ideias têm sido sempre dela, o estímulo também, assim como as muitas sugestões e intervenções nos textos. Não poderia deixar de mencionar a paciência e a malandragem; o afeto editorial dela é tudo. Isto não é um agradecimento. É só um registro, quase uma declaração.

2) Só acredito em trabalho em equipe, compartilhado. Cada livro tem um elenco, uma família. Neste caso, o de um trabalho interrompido por quase dois anos de pandemia. Comecei acompanhada, na pesquisa, por Pê Moreira, Giulia Ribeiro e Rachel Mattos. Ao voltar agora para fechar a pesquisa e o livro, apareceu, pelas mãos da Fundação de Amparo à Pesquisa do Estado do Rio de Janeiro (Faperj), Anna Bustamante Santos, aluna da Escola de Comunicação da Universidade Federal do Rio de Janeiro (ECO-UFRJ), talentosa e rápida no gatilho, e Rozzi Brasil, que sabe muito sobre samba e afetos. Meus agradecimentos a todas.

3) Confissões secretas: Com medo de errar muito no capítulo sobre MPB, fiz uma longa entrevista com Nelsinho Motta, o único varão (um príncipe?) com palavras e opiniões registradas aqui. Joyce Moreno me ajudou muito com visões gerais e internas sobre o movimento MPB e dicas de nomes da cena independente que, injustamente, continuam relativamente desconhecidos das novas gerações. Ganhei informações preciosas e uma nova amiga de infância.

Lucina, também na música, teve papel semelhante. Com medo de falar bobagem no capítulo do cinema, usei, abusivamente, o livro *Feminino e plural: mulheres no cinema brasileiro*, de Karla Holanda e Marina Tedesco. Por último, não posso deixar de registrar a ajuda enorme que foi assistir aos vídeos de Rodrigo Faour, um acervo brilhante para entender a MPB.

Fiz bem. Obrigada a todas e todos.

o que
fazer?

O QUE FAZER?

O MOVIMENTO FEMINISTA

O período reconhecido como o do surgimento dos movimentos feministas, ou da chamada segunda onda feminista entre nós, é a semana de 30 de junho a 6 de julho de 1975, quando foi realizado o seminário *Pesquisa sobre o papel e o comportamento da mulher brasileira*, na Associação Brasileira de Imprensa do Rio de Janeiro (ABI). Como qualquer periodização, essa é uma data arbitrária. Coincide com uma primeira reunião formal e pública de mulheres discutindo seus direitos sob os auspícios da Organização da Nações Unidas (ONU), que acabava de decretar 1975 como o Ano Internacional da Mulher. Portanto, mesmo arbitrário, esse período é o que se convém tratar como marco fundador – o que não exclui a presença de importantes antecedentes na movimentação e ações e reinvindicações de mulheres na política e na área da cultura.

Qual teria sido o impacto do novo movimento feminista na produção cultural das mulheres? Mulheres que raramente se definiam como feministas e até mesmo rejeitavam esse rótulo.

Meu foco neste livro é mapear a influência do feminismo recém-chegado sobre a obra das produtoras culturais e artísticas, que, apesar de progressistas e talentosas, muitas vezes até temiam serem chamadas de feministas.

O CONTEXTO

O ano de 1964, quando ocorreu o golpe militar no Brasil, foi um divisor de águas na política e na cultura. A mobilização e a insurgência jovem contra a ditadura trouxeram consigo um novo tipo de ativismo: o ativismo cultural. E era o que mais se via. O período pós-golpe mostrou, ironicamente, uma incrível efervescência cultural da juventude, ecoando a chegada do rock, da pílula e da minissaia, apesar das terríveis restrições e constrangimentos políticos impostos pelo regime autoritário vigente. São daquela época movimentos como o Cinema Novo, a MPB – com os seus famosos festivais da canção – os *happenings* nas artes plásticas e a vitalidade dos teatros Arena, Opinião e Oficina, para falar apenas dos que sempre estavam entre as grandes manchetes. O período de 1964 a 1968, ano da promulgação do Ato Institucional nº 5 – ou o golpe dentro do golpe –, foi, assombrosamente, a era de ouro da cultura brasileira.

Por meio da mídia, da música, do *ethos* insurgente, a cultura e as artes no Brasil dos anos de repressão mostraram, na medida do possível, a enorme força libertária e de resistência dos artistas e produtores. Por outro lado, a revolução comportamental, que deu o tom da contracultura nos anos 1960 e 1970, encontrou alguns limites desconfortáveis. Os temas que levantou, como o corpo, a liberdade sexual e o aborto, eram, obviamente, *personae non gratae* para a ditadura, para a igreja progressista e também para a esquerda militante, que viu essas pautas como secundárias e mesmo desviantes de sua missão revolucionária central.

É bem verdade que em 1967 o Tropicalismo conseguiu abrir um pouco a agenda comportamental libertária, mas logo no ano seguinte baixou-se o AI-5, e os chamados anos de chumbo que se sucederam acabaram com todo e qualquer horizonte libertário sonhado pela rebelião jovem.

A pauta feminista, mais discreta no Brasil naquele momento, apesar de existente, nos chegava pela voz das europeias e estadunidenses, cujas bandeiras estavam entre as mais importantes dos movimentos de liberação dos anos 1960. Seu reflexo entre nós, tal como expresso na área da cultura, foi inevitável.

Nos Estados Unidos, Betty Friedan surge, em 1963, com o best-seller *A mística feminina*, questionando a imagem da nova mulher moderna, informada e feliz, que dispõe das facilidades dos novos equipamentos domésticos e exerce o papel central da família nuclear perfeita. Depois de extensa enquete, Betty detectou um enorme mal-estar e uma insatisfação silenciada nessa nova mulher do pós-guerra, que batizou como "o mal que não tem nome". Treze anos depois, outro livro promoveria um giro na pauta feminista da segunda onda: *O relatório Hite*, escrito por Shere Hite e lançado em 1976. Esse trabalho, assim como o de Betty Friedan, é fruto de vasta pesquisa: foram realizadas 3 mil entrevistas com um questionário de sessenta perguntas sobre como as mulheres viviam sua sexualidade. O resultado é riquíssimo, e sua importância está no fato de que, em meio a muitos estudos já existentes sobre sexualidade feminina, pela primeira vez as mulheres se expressaram sobre o assunto em uma pesquisa. *O relatório Hite* é conhecido como o resultado da verdadeira revolução sexual, a primeira vez que, em um material analítico, as mulheres falaram abertamente sobre sexo, sem tabus. A primeira edição de *A mística feminina* foi publicada no Brasil em 1971, por Rose Marie Muraro,[1] na editora Vozes, onde era diretora. *O relatório Hite* foi traduzido pela poeta Ana Cristina Cesar e publicado, em 1978, pela editora Difel.

A partir de meados dos anos 1970, coincidindo com a chegada entre nós dos movimentos feministas, o impacto dessas lutas tornou-se visível e contundente na produção cultural das mulheres no Brasil.

À segunda onda feminista, a partir dos anos 1980, junta-se à terceira, aquela da emergência de um pensamento teórico feminista. No Brasil, os estudos de gênero também ganham espaço nas universidades e, simultaneamente, os movimentos feministas conquistam maior poder de intervenção política e institucional. Nesse momento, a força das mulheres nas artes e nas letras torna-se fato incontestável. Ainda que não assumindo seus trabalhos como obras feministas e mesmo negando qualquer articulação com o ativismo da causa, a produção cultural das mulheres ganha protagonismo com dicções fortes, confrontadoras, trazendo um claro diferencial para a cultura artística e literária feminina daquele momento. É sobre as mulheres artistas e escritoras que produziram suas obras nesses três momentos políticos e culturais que tratarei neste capítulo.

---

1 Destaco Rose Marie Muraro, entre inúmeros nomes, pelos muitos livros que publicou, inclusive em pleno regime militar, e pela atuação firme e coerente em toda a sua vida, assumidamente feminista. Rose Muraro foi a responsável pela vinda ao Brasil da escritora estadunidense Betty Friedan, cuja passagem pelo Rio de Janeiro pode ser comparada a um maremoto de proporções inimagináveis. A ontológica entrevista ao *Pasquim* e o massacre verbal que ambas sofreram pelos entrevistadores do tabloide são bastante conhecidos. Como também são sobejamente conhecidas a força e a determinação de Muraro para impor suas ideias e sua permanente disponibilidade para o debate. Em 1975, ela havia fundado, com outras companheiras, o Centro da Mulher Brasileira, entidade pioneira do novo feminismo nacional. Entre seus trabalhos, lembro a importante pesquisa que realizou sobre a sexualidade da mulher brasileira, em que considerou não apenas a diversidade de nossas regiões, como também a experiência diferenciada das camadas sociais no que diz respeito ao corpo e ao prazer. A repercussão de tal trabalho no momento em que foi divulgado, em 1983, foi decisiva para o debate acadêmico e a orientação de outras pesquisas.

FEMINISTA, EU?

Um primeiro ponto interessante na cultura produzida por mulheres no período de 1960 a 1980 é a ambiguidade – e mesmo negação do pertencimento ou identificação das artistas e escritoras – em relação aos movimentos feministas.

Sobre esse ponto, a metáfora da "onda", usada pelas teóricas como elemento de periodização das diferentes fases do movimento feminista, pode nos ajudar. Ela expressa com precisão a falta de ruptura ou de grandes diferenças e novas pautas entre os momentos de luta do feminismo. As águas que formam uma onda sofrem um refluxo, se reagrupam e retornam incessantemente, sem interrupção, em diferentes formatos, tempos, forças e texturas. É uma história que se faz em sucessivos fluxos e refluxos apresentando e defendendo as mesmas questões estruturais da dominação masculina sobre a mulher. Não é muito difícil perceber o porquê dos recuos diante das grandes resistências que as feministas encontram a cada fluxo. A proposta do feminismo é apenas a defesa da igualdade de direitos entre mulheres e homens. Coisa justa, louvável e compreensível. Mas não tão simples assim. A conquista desses direitos implica mudanças econômicas, políticas e sociais estruturais dos diversos sistemas que constituem as sociedades modernas. A igualdade radical de direitos exigida pelo feminismo, na realidade, pressupõe a implosão sistêmica das estruturas socioeconômicas que conformam as raízes da opressão das mulheres. A propósito, me recordo do impacto que provocou em mim a leitura de *Calibã e a bruxa: mulheres, corpo e acumulação primitiva*,[2] um estudo precioso de Silvia Federici sobre o papel revolucionário das mulheres na transição do feudalismo para o capitalismo. Essa leitura mostra

---

2 FEDERICI, Silvia. *Calibã e a bruxa: mulheres, corpo e acumulação primitiva*. São Paulo: Elefante, 2017.

claramente a profundidade e o perigo que oferece o terreno onde pisa o feminismo e evidencia a dimensão real da tarefa hercúlea e revolucionária a que se propõem as lutas feministas – e, consequentemente, as fortes reações que provoca.

Posto isso, vamos aos contra-ataques. Na área da produção cultural, artística e intelectual, que é o objeto desta parte do livro, o temor, a rejeição ou, no mínimo, a hesitação das mulheres brasileiras em vincular sua imagem profissional ou artística ao feminismo é, praticamente, a norma ao longo do século XX. É comprovado que, fora do universo das ativistas, era raro cineastas, atrizes, escritoras, artistas visuais – enfim, um número quase absoluto de mulheres que atuaram na área da cultura – se autonomearem "artista feminista". Mais comprovada ainda é a presença de um real impacto do feminismo na cultura produzida por mulheres a partir de meados da década de 1960.

Vamos por partes. *Backlash* é o termo estadunidense usado pelas feministas para definir os mecanismos de rejeição e tentativas de minimizar, estereotipar, paralisar ou ao menos desacelerar as conquistas feministas. Em 1991, a jornalista Susan Faludi publicou um livro[3] bem interessante no qual mapeia, com paciência e disciplina, as milhares de palavras e formas de estratégia de avaliação negativa ou ridicularizante empregadas contra as mulheres engajadas nas demandas feministas. Ela analisa pesquisas de acadêmicos renomados de grandes universidades, líderes religiosos, especialistas médicos e da imprensa sobre as "armadilhas da igualdade". Um desses estudos, sobre o casamento no século XIX afirma, segundo a autora, que somente 28% das mulheres brancas estadunidenses formadas iam conseguir se casar e que era importante examinar não apenas "o esgotamento do sistema nervoso feminino", mas ainda uma suposta

---

3 FALUDI, Susan. *Backlash: o contra-ataque na guerra não declarada contra as mulheres*. Rio de Janeiro: Rocco, 2001.

"epidemia da infertilidade", induzida por um conflito entre "cérebro e útero". Esses exemplos radicais se referem à primeira onda feminista no século XIX, que levantava a bandeira sufragista. Já na segunda e terceiras ondas, período a que se refere este livro, os temas não mudaram muito, continuaram girando em torno da infertilidade, dos casamentos fracassados, das famílias desestruturadas, dos desvios sexuais "patológicos", da "depressão feminina recorrente", do sucesso na relação entre homens e mulheres e, finalmente, do padrão de beleza normativo em confronto com o descaso e a feiura das mulheres "mal-amadas", ou seja, as feministas. É interessante ver no livro de Susan Faludi que, a partir dos anos 1970, coincidentemente o momento de maior efervescência do feminismo, os especialistas saem de cena e cedem a voz para a mídia, que se ocupa desses contra-ataques, em um tiroteio em massa, disputando a valorização da imagem da mulher sexy, sedutora e mãe de família.

Um exemplo radical do comportamento da mídia, nesse caso do jornalismo, talvez ajude no entendimento da dificuldade de uma mulher se dizer feminista ou assumir atitudes afins no nosso festivo e revolucionário meio cultural dos anos 1960 a 1980. Vou dar uma olhada no caso de *O Pasquim*.

O Pasquim nasceu no Rio de Janeiro e foi o tabloide de maior destaque durante a repressão militar. Jornal semanal, sua primeira edição data de 26 de junho de 1969, como resposta corajosa ao endurecimento da censura após o decreto do AI-5. Munido de irreverência e humor, *O Pasquim* conseguiu noticiar fatos e discutir questões da maior importância político-cultural em um dos momentos mais problemáticos da ditadura – entre 1969 e 1973 –, quando, exatamente por isso, atingiu seu auge de prestígio e vendas, com tiragens de cerca de 250 mil exemplares. Seus fundadores eram intelectuais de esquerda e jornalistas respeitados, o que tornou o jornal a grande plataforma de oposição política e liberação de costumes durante os anos de chumbo. Era leitura obrigatória dos universitários e da classe média revoltada com a ditadura. Sua última edição foi em janeiro de 1991.

Estamos falando então do que houve de mais avançado no jornalismo progressista no Brasil dos militares. É de 1969, na sua edição de nº 22, a famosa entrevista de Leila Diniz, mito da liberação sexual jovem, em que ela faz declarações libertárias repletas de palavrões então permitidos apenas no universo masculino. O *lead* da entrevista é extremamente simpático, e até mesmo empático, com a nova mulher:

> **Leila Diniz é chapinha d'*O PASQUIM* e sua entrevista é mais do que na base do muito à vontade. Durante duas horas ela bebeu e conversou com a equipe dos entrevistadores numa linguagem livre e, portanto, saudável. Seu depoimento é de uma moça de 24 anos que sabe o que quer e que conquistou a independência na hora em que decidiu fazer isso. Leila é a imagem da alegria e da liberdade, coisa que só é possível quando o falso moralismo é posto de lado.**

Nada contra as mulheres liberadas e independentes. Curiosamente, a mesma empatia não é manifestada com igual intensidade quando essas mesmas mulheres livres e independentes se declaram feministas. Vou seguir aqui a pesquisa feita por Rachel Soihet sobre *O Pasquim*,[4] onde ela nos dá exemplos que falam por si.

Rachel toca no ponto-chave dos contra-ataques à nossa segunda onda vindos exatamente de onde menos se espera. Em pleno regime militar, a esquerda libertária usa como instrumento o que *O Pasquim* tinha de melhor: o humor e a zombaria dos moralismos e conservadorismos. Mas vamos a alguns dos exemplos analisados por Rachel. São muitos. Escolho aleatoriamente três.

---

4 SOIHET, Rachel. "Zombaria como arma antifeminista: instrumento conservador entre libertários", *Revista Estudos Feministas* [online], vol. 13, nº 3, 2005, p. 591-612.

Na edição nº 27 do tabloide, de dezembro de 1969, Millôr Fernandes, na matéria intitulada "Barbarelas", refere-se às feministas da seguinte forma: "por serem emancipadas e se terem dado assombrosamente bem na emancipação, elas resolveram que não bastava só deitar com quem bem entendem (pois o que se chama emancipação é, em geral, deitar com quem bem entender) e resolveram também deitar filosofia." Já Paulo Francis, em 1973, se diz candidato ao Nobel de Biologia, por ter descoberto "uma moça de 28 anos, bonita, normal, inteligente e que trabalha. E sabem o que mais? É virgem".

O mesmo Francis, que depois de uma malfadada entrevista com Betty Friedan para o mesmo *O Pasquim*, que acabou com xingamentos coléricos, a elogia de forma cínica: "Achei a líder feminista tão inteligente que nem parece mulher."

Ao que Millôr acrescentou, em 1974, em entrevista com a escritora Esther Vilar, que ela, "ao contrário de Betty, não é de botar fora. Perto dos quarenta (ainda do lado de cá), loura, estatura mediana, tem um corpo razoável, um traseiro comedido – êta palavrinha precisa!" E por aí não se salvaram nem Susan Sontag, nem Marguerite Duras, nem, é claro, brasileiras como Rose Marie Muraro e quem mais se aproximasse do tabloide com ideias feministas.

É importante mostrar que não só os homens contra-atacavam nossas feministas. A jornalista e escritora Adalgisa Nery, quando indagada por Paulo Francis sobre o que pensava a respeito de "um dos problemas mais discutidos hoje no mundo (…) a chamada emancipação da mulher", respondeu: "eu sou contra feminista, acho horroroso feminista. Acho que a mulher é um complemento do homem." Enfim, se é na conta do humor ou na conta da opinião, as mulheres nas décadas de 1960 e 1970 que se aventurassem a se dizer feministas eram imediatamente tachadas de masculinizadas, mal-amadas, perigosas, feias e indesejáveis.

Por outro lado, matérias sobre campanhas como a do divórcio, lideradas pelas feministas com o apoio do advogado Nelson Carneiro e que ferviam na época, mereceram o seguinte corta-debate: "'É da Sociedade das Mulheres Separadas?' 'É sim, senhor.' 'Então me separa duas aí, pra sábado.'"

Escolhi *O Pasquim* como exemplo porque o jornal era, sem dúvida alguma, o grande aliado da *intelligentsia* de esquerda, da arte, da cultura e dos costumes que se queriam libertários e progressistas no silêncio amedrontado dos anos de chumbo. Não estou imputando culpa em nenhum desses intelectuais citados (embora talvez devesse) – eles não eram vilões, apenas respondiam a uma época. Meu interesse aqui é recriar o ambiente da esquerda progressista onde nós nos inseríamos, tínhamos nossos amigos e nos movíamos política e profissionalmente.

Outro fator que não pode ser esquecido, e talvez fosse o principal entrave da associação das produtoras culturais ao feminismo, era a dificuldade para se inserir no mercado de trabalho na área cultural. A busca pela igualdade nesse cenário exigiu estratégias cuidadosas e certeiras para lograr êxito. A chegada, ou melhor, o reconhecimento das mulheres como cineastas, dramaturgas, compositoras, artistas e escritoras só se deu concretamente a partir dos anos 1960 e suas utopias libertárias. Uma dessas estratégias utilizadas pelas mulheres, certamente, foi a não identificação como feminista por várias razões. O feminismo era, como vimos, motivo de reações conservadoras que ridicularizavam e caricaturavam o perfil das ativistas. Por outro lado, as artistas temiam, nessa frágil e vulnerável posição competitiva no início de suas carreiras profissionais, serem confinadas a um nicho específico de mercado, o que as enfraqueceria ainda mais, além de comprometer concretamente o reconhecimento como artistas e profissionais da cultura.

Então estamos de acordo que não é estranho que as mulheres não alinhadas diretamente ao ativismo ou ao ideário feminista, nesse momento em que ensaiam sua entrada no mercado cultural, evitem qualquer ligação ou compromisso com o feminismo, melhor dizendo, com o ativismo feminista. Porque a experiência do feminismo como parte das demandas dos direitos humanos é razoavelmente recente, e na época o feminismo ainda era visto como confinado às trincheiras de um ativismo considerado radical.

Uma pergunta que fica no ar para mim é: por que foi tão difícil e demorado enfrentar diretamente esse quase senso comum da imagem grosseira do feminismo que permeava conversas, escritos, olhares, pensamentos, ambientes de trabalho e de lazer? Sem essa resposta, no momento, vou acompanhar os processos e as modulações em que as mulheres se envolvem nesse nó, tentando desatá-lo.

AS JORNALISTAS CONTRA-ATACAM

Depois de falar sobre os contra-ataques da imprensa, cabe também ressaltar algumas vitórias na mesma área. A figura fascinante nesse contexto foi Carmen da Silva e sua coluna "A arte de ser mulher", publicada ininterruptamente por 22 anos, de 1963 a 1985, na revista *Claudia*. Talvez o pioneirismo de Carmen da Silva e seu talento jornalístico tenham sido as primeiras grandes influências na conscientização das mulheres da época. Não foi por acaso que Carmen ficou conhecida como a Grande Dama do feminismo no Brasil.

Gaúcha, foi tentar a vida em Montevidéu em 1944, trabalhando no Comitê para a Defesa Política do Continente. Em seguida, mudou-se para Buenos Aires, onde fez formação psicanalítica. Lá, começou a escrever artigos e contos para a *Gaceta de Tucumán*, um dos mais antigos jornais da Argentina, para a revista *Leoplan*, e para *Damas y Damitas*, *Atlântida* e *El Hogar*, revistas femininas famosas. Carmen da Silva retornou ao Brasil em 1962 e, já em 1963, começou a escrever para a revista *Claudia*. O país vivia seu processo acelerado de modernização e expansão capitalista. Nesse quadro, as mulheres, vistas como as principais consumidoras dos novos produtos industrializados, tornaram-se alvo de atenção. Em cena estava a *nova mulher*, consumidora, rainha do lar e moderna. A revista *Claudia* investiu intensamente nesse nicho de mercado. Inaugurou um novo estilo entre as revistas femininas da época, reafirmando os papéis tradicionais da mulher, porém deixando algum espaço para as mudanças que se anunciavam com a perspectiva da entrada feminina no mercado de trabalho e na educação superior. Foi nesse momento, em 1963, que Carmen da Silva se candidatou para trabalhar na revista, criada dois anos antes, embora não fosse comum se verem mulheres nas redações de jornais e revistas. A coluna que passou a assinar, "A arte de ser mulher" (título que detestava!), já existia e era escrita por dona Letícia, pseudônimo de redatores homens. Carmen da Silva, ao contrário de dona Letícia, não consolava suas leitoras, mas incentivava a independência feminina e, a partir de sua formação psicanalítica, produzia um tipo de escuta e devolução das narrativas contidas nas cartas de leitoras, fazendo com que elas próprias buscassem seus caminhos e desejos pessoais. Era uma enxurrada de cartas angustiadas, com demandas das mais variadas e relatos inesperados que chegavam a totalizar o número de quatrocentas a quinhentas cartas por mês. Seu trabalho, de certo modo, se assemelhava ao de Betty Friedan e sua pesquisa sobre a "nova mulher", que resultou em *A mística feminina*. A própria Carmen fez uma importante resenha desse livro por ocasião de seu lançamento no Brasil.

Sobre Carmen da Silva, temos o importante livro de Comba Marques Porto, *A arte de ser ousada: uma homenagem a Carmen da Silva*, publicado em 2015; e na área da pesquisa acadêmica, a excelente dissertação de Ana Rita Fonteles Duarte, intitulada *Carmen da Silva: entre história e memória, uma feminista na imprensa brasileira*,[5] de 2002. Nessa dissertação, a pesquisadora, acompanhan-

---

5   FONTELES DUARTE, Ana Rita. *Carmen da Silva: o feminismo na imprensa brasileira*. Fortaleza: Expressão Gráfica e Editora, 2005.

do o relato da própria Carmen, divide em quatro fases sua participação em "A arte de ser mulher". A primeira, chamada por Carmen da Silva de "fase do despertador, ou fase de Lázaro" ("Levanta-te e anda"), foi o início de sua participação na *Claudia*. Sutilmente, Carmen abordava o mal-estar vivido por suas leitoras e registrado nas muitas cartas que recebia como um desejo de mudança, a vontade de levar uma vida diferente. Não é à toa que o artigo publicado na estreia de sua coluna, em setembro de 1963, chamou-se "A protagonista".

O segundo momento da coluna, já na segunda metade da década de 1960, foi chamado por Carmen de "fase absolutamente institucional". Passado o momento do "despertar", a coluna começou a se dedicar a identificar as causas das inquietações de suas leitoras, uma fase de incentivo para que as mulheres procurassem a própria realização pessoal, profissional e financeira. Em 1970, sua terceira fase, quando o ativismo feminista já adquiria visibilidade entre nós, Carmen assumiu seu projeto de escrita militante e feminista, discutindo pautas como sexismo, dominação masculina, discriminação, exploração e injustiça. As mulheres e suas cartas agora eram discutidas enquanto um grupo dominado, e não mais como sujeito de relações e conflitos pessoais. Carmen avançava politicamente em sua "A arte de ser mulher", agora uma tribuna política. É claro que foi nessa fase que ela se tornou alvo de cobranças e provocações e suas pautas passaram a ser desqualificadas. Foi na mesma época, em julho de 1971, que ela publicou a resenha do best-seller *A mística feminina*, de Betty Friedan, que mencionei anteriormente. Carmen não se referia ao movimento como "feminista" naquele momento. Dizia apenas que o desejo das mulheres era existirem também como indivíduos, uma humanidade em que cada um reconhece o direito do outro de existir por conta própria. Em seu livro, *Histórias híbridas de uma senhora de respeito*, ela relata:

Meus artigos caíram como UFOs incandescentes no marasmo em que dormitava a mulher brasileira naquela época. Logo comecei a receber uma avalanche de cartas de todos os tons: desesperados apelos, xingamentos, pedidos de clemência: deixe-nos em paz, preferimos não saber! Consciência dói – olé se dói, mais do que "patadas em los huevos".

A partir de 1979, "A arte de ser mulher" começa, em sincronia com o movimento feminista internacional, uma revisão de seus pressupostos. Reconhece a ambiguidade dos papéis sociais femininos e propõe que as mulheres experimentem novas formas de relação, que entrem em um processo dinâmico de autocriação.

Acompanhar o desdobramento temático, conceitual e político de "A arte de ser mulher" é acompanhar um ativismo profundo que conseguiu ser ouvido por milhares de mulheres da classe média brasileira, que ganharam consciência e frequentemente mudaram suas vidas e comportamentos em função da garra e da competência de Carmen da Silva, a Grande Dama do feminismo.

Clara Averbruck, jovem escritora e uma das primeiras blogueiras entre nós, após ter comprado recentemente por seis reais, em um sebo, um livro de Carmen da Silva, postou, em 6 de abril de 2018:

Se não fosse ela, eu não estaria aqui. Quer dizer, talvez estivesse, mas tudo seria diferente. Ela foi o meu caminho para o feminismo, ela incentivava as leitoras, dentro daquele espaço limitado que era uma revista feminina, a buscar o protagonismo de suas próprias vidas – em vez de serem coadjuvantes da vida de seus homens. Achamos que demos grandes passos, mas, quando vamos ver, está tudo muito bem parecidinho a 1963. É desesperador. E é por isso que o texto dela não datou. Por isso e porque ela era fantástica, e por essa razão sua memória precisa ser mantida viva, não só como ativista, mas como a grande romancista que foi."

Na trilha aberta por Carmen, surge Marina Colasanti, com uma entonação mais moderna, diferenciada, movendo-se em terrenos já mais conquistados. Marina é jornalista desde muito jovem, trabalhando no *Jornal do Brasil*, *Jornal dos Sports*, revistas femininas como *Claudia* e, finalmente, tornou-se editora de comportamento da revista *Nova*, na qual escreveu durante dezoito anos. A *Nova* foi uma revista feminina mensal integrante da rede internacional *Cosmopolitan*, que surgiu para competir como uma pauta nova no mercado das revistas femininas, inclusive com a *Claudia*, que seria ainda muito "esposa e mãe". Segundo a própria Marina, a coluna "A arte de ser mulher" de Carmen da Silva era um oásis único dentro da *Claudia* e não definia nem o perfil nem o público da revista. Nesse quadro, a editora Abril se antecipou e negociou com o grupo *Cosmopolitan* para investir em uma publicação direcionada para essa nova mulher que surgia no horizonte. A primeira edição da revista foi lançada no Brasil em setembro de 1973, e logo nas primeiras edições ela já tratava, com destaque e grandes chamadas, de assuntos tabus como sexualidade de forma inédita em relação a outras revistas para mulheres. Marina Colasanti, então conhecida por ter lançado livros no momento de efervescência do movimento feminista e já ter experiência em revistas femininas e, portanto, experiência no contato com mulheres de todo o Brasil, foi contratada pela *Nova* como editora de comportamento. Ao saber desse convite, Fernando Gabeira, seu colega de redação no *Jornal do Brasil*, alertou-a de que para essa tarefa não bastava ter um pensamento interessante sobre mulheres, também era fundamental estudar as feministas da hora, e a introduziu a *O segundo sexo*, de Simone de Beauvoir. Marina, incentivada pelo conselho, passou a se dedicar aos estudos históricos e teóricos sobre a condição feminina e o pensamento feminista e marcou época com sua coluna "A nova mulher", escrita durante dezoito anos e cujos textos foram posteriormente publicados em livros. Marina teve também uma coluna chamada "De olho no preconceito".

Era um espaço de leitoras para que denunciassem os preconceitos que viam em publicidade, jornais, nas ruas ou experimentados na própria pele. Havia ainda outra seção, chamada "Qual é o seu problema?", que estreitava o contato direto com as leitoras. Diz Marina: "A coluna reproduzia cartas escritas pelas leitoras e os problemas às vezes eram terríveis, como violência, estupro, incesto... tinha de tudo." Marina, ao comentar sua atividade na revista *Nova*, diz:

> **Ingressei num outro universo, e isso me deu vinte anos de participação política de um contato estupendo com as mulheres dos mais diversos pontos do Brasil. Em qualquer lugar aonde eu fosse, tinha gente que vinha conversar comigo, uma intimidade com o que eu havia escrito que se traduzia em intimidade comigo. Essa foi uma experiência com que eu nunca havia sonhado.[6]**

Essa demanda de escuta era tão grande e reprimida entre as "mulheres casadas exemplares" que, depois do impacto de Carmen da Silva, Marina Colasanti saiu em turnê para o lançamento dos livros com os textos de sua coluna, e fazia o que ela chamou de "conferências ativistas" em grandes teatros, sempre lotados, Brasil afora. Segundo ela, por ter ficado conhecida nessas atividades de jornalista e conferencista, ganhou a reputação de "mulher que escreve para mulheres", o que dificultou bastante a publicação de seus livros de prosa e de poesia. E nunca foi considerada escritora como os homens eram. Sua poesia não é uma poesia feminista, mas o conteúdo era totalmente diferente do que se chamava de "poesia de mulher". Um bom exemplo é o poema "Sexta-feira à noite os maridos acariciam o clitóris das esposas", que foi lido na praça da Sé por um grupo feminista. Outro chama-se "Eu sou uma mulher que sempre achou bonito menstruar", tocando em assuntos muitas vezes ainda silenciados no

6 Entrevista com Marina Colasanti, realizada em 21 de setembro de 2020.

universo feminino. Marina foi chamada por Ruth Escobar para compor o Conselho Nacional dos Direitos da Mulher (CNDM), criado em 1985, vinculado ao Ministério da Justiça, porque era naquele momento a única escritora que se definia como feminista, e assim entrou, pela primeira vez, na militância ligada a partidos políticos.

Heloneida Studart é outra jornalista importante para a história do feminismo. Estreou como colunista no jornal *O Nordeste*, no qual suas opiniões já causavam polêmicas. De Fortaleza, ela trouxe os originais de seu romance *A primeira pedra*, publicado em 1953. Quatro anos depois, viria o romance *Dize-me o teu nome*, que foi premiado pela Academia Brasileira de Letras e pelo jornal *Diário de Notícias*. Em 1960, Heloneida foi trabalhar no jornal *Correio da Manhã*, no Rio de Janeiro, e por várias décadas atuou no jornalismo, incluindo-se aí os dez anos como redatora da revista *Manchete*.

O interesse de Heloneida pela política começou muito antes de iniciar a vida pública como deputada, em 1978. Jornalista de sucesso, era filiada ao Partido Comunista Brasileiro e presidente do Sindicato dos Empregados em Entidades Culturais, Recreativas, de Assistência Social de Orientação e Formação Profissional do Município do Rio de Janeiro (Senalba-RJ). Presa em 1969, perdeu o emprego em todas as redações e inclusive no Sesi, onde trabalhava na biblioteca volante, que levava livros para os conjuntos habitacionais e no subúrbio do Rio de Janeiro. Ao ser presa, ganhou uma extensa ficha no Departamento de Ordem Política e Social (Dops), a polícia política do regime militar. Suas histórias da prisão deram origem a dois episódios do progama *Caso Verdade*, exibido pela TV Globo: "Não roubarás" e "Quero meu filho".

Heloneida foi uma das responsáveis por um momento histórico do feminismo brasileiro: enviada pela revista *Manchete*, fez a cobertura do Congresso Internacional de Mulheres no México, em 1975, o que a afetou de maneira decisiva. Ainda no mesmo ano, embalada pelo clima do Congresso e com os contatos que lá fez, criou com Rose Marie Muraro, Moema Toscano, Branca Moreira Alves, Fanny Tabak e Maria do Espírito Santo Cardoso o Centro da Mulher Brasileira (CMB), no Rio de Janeiro, considerado um dos precursores do movimento feminista no Brasil.

Entre o jornalismo e a literatura, no fim do regime militar surgiriam três novos romances, chamados pela própria autora de "Trilogia da tortura": *O pardal é um pássaro azul* (traduzido em quatro idiomas), *O estandarte da agonia* (inspirado na vida de sua amiga Zuzu Angel) e *O torturador em romaria*. Os três livros mostram a dimensão do compromisso político de Heloneida, o que a acompanhou por toda a vida.

Um dos maiores sucessos de Heloneida foi a peça *Homem não entra*, protagonizada pela deputada estadual Cidinha Campos (PDT), à época radialista, que ficou cinco anos em cartaz na década de 1970, defendendo bandeiras relativas ao avanço e à promoção das mulheres.

Jornalista e escritora engajada, talvez ela tenha sido a única escritora assumidamente feminista. É o que comprovam seus livros *Mulher: objeto de cama e mesa*, obra que vendeu 280 mil exemplares e se transformou em uma espécie de bíblia do feminismo brasileiro, e *Mulher, a quem pertence teu corpo?*

A sua entrada na política aconteceu em 1978. Heloneida foi procurada pelo MDB para concorrer a uma vaga de deputada estadual pelo Rio de Janeiro. Foi eleita com cerca de 60 mil votos. Na Alerj, exerceu sete mandatos. Uma das leis de que mais se orgulhava era a que garantiu às mulheres pobres testes gratuitos de DNA quando do os pais não quisessem assumir a paternidade.

Exerceu ainda vários cargos importantes: foi vice-presidente da Comissão Parlamentar de Controle do Meio Ambiente de 1979 a 1980 e presidente da Assembleia Legislativa do Estado do Rio de Janeiro (Alerj) de 1981 a 1982; integrou as comissões especiais relativas aos direitos reprodutivos da mulher; participou da apuração das condições de atendimento da população nessa área; em seu terceiro mandato como deputada, atuou como vice-líder da bancada do Partido dos Trabalhadores (PT); e de 1995 a 1999 presidiu uma comissão especial destinada a apurar as formas de arrecadação e distribuição dos direitos autorais no Rio de Janeiro. Além disso, fundou o Centro Estadual dos Direitos da Mulher (Cedim) e foi presidente da Comissão Permanente de Defesa dos Direitos Humanos.

Em 1988, deixou o PMDB e participou da criação do PSDB. Um ano depois, filiou-se ao PT. Também em 1988, integrou o *lobby do batom*", grupo que lutava para incluir na Constituição leis como a da licença-maternidade de 120 dias.[7]

Em 2005, Heloneida foi uma das 52 brasileiras incluídas em uma lista de mil mulheres de todo o mundo indicadas pela Fundação de Mulheres Suíças ao Prêmio Nobel da Paz.

Outra figura que não pode ser esquecida é Edna Savaget. Formada em Filosofia pela Universidade do Estado do Rio de Janeiro (UERJ), a também jornalista, escritora, produtora e apresentadora, Edna Savaget foi chamada para ser coordenadora da parte vespertina da programação dedicada ao público feminino da TV Globo. Já com presença no rádio e na imprensa desde o fim dos anos 1940, criou o *Sempre Mulher*, primeiro programa feminino da emissora, criada em 1965. Em 1972, foi convidada para a TV Tupi, onde criou o *Boa Tarde*, que em menos de um ano passou a ser chamado de *Programa Edna Savaget* e se tornou o programa feminino de maior sucesso da TV.

É importante registrar que Edna, embora de forma menos acentuada do que as declaradamente feministas Carmen da Silva e Marina Colasanti, fez um excelente trabalho abrindo caminhos para a emancipação da mulher. Portanto, ainda nesse momento ini-

---

7 Sobre o *lobby* do batom e os bastidores das lutas feministas no âmbito político e institucional, ver o livro *Feminismo no Brasil – histórias de quem fez acontecer*, de Branca Moreira Alves e Jacqueline Pitanguy. Rio de Janeiro: Bazar do Tempo, 2022.

cial em que o feminismo procurava sua voz na cultura brasileira, algumas pioneiras atuaram com grande força e repercussão nos quartéis-generais das revistas femininas e programas vespertinos que tentavam, em suas políticas editoriais, descobrir quem seria essa nova mulher que se anunciava ao longe.

Ainda nos anos 1970, já podemos identificar uma imprensa dirigida por mulheres com compromisso e articulação claramente feministas. Em 1975, fundou-se o jornal *Brasil Mulher*, associado ao Movimento Feminino pela Anistia. Em 1976, foi lançado o jornal *Nós Mulheres*, expressando o ideário feminista. Ambos tratavam de temas centrais da pauta feminista, como aborto, saúde reprodutiva, mulheres na política, mercado de trabalho, dupla jornada, prostituição, sexualidade, e havia artigos sobre a presença da mulher na cena cultural. Segundo a jornalista Maria Amélia de Almeida Teles, o primeiro número do *Nós Mulheres* teria sido financiado pela cantora Elis Regina, falecida em 1982, que se assumia publicamente feminista. Em 1981, surgiu o jornal *Mulherio*, em São Paulo, por iniciativa de feministas ligadas à Fundação Carlos Chagas. O impacto da publicação foi grande nos meios universitários, e seu terceiro número contou com mais de 3 mil assinaturas. Os temas acompanhavam e aprofundavam os debates feministas tratando da violência, da discriminação da mulher negra, das políticas do corpo, da inserção da mulher no mercado de trabalho e da vida nas periferias das grandes cidades. As edições traziam também endereços de grupos feministas de todo o país. *Mulherio*, por sua editoria e pela qualidade de sua produção, é hoje uma das principais fontes de pesquisa para os momentos fundadores do feminismo entre nós.

PALAVRA DE MULHER

PRIMEIRAS NOTAS, TALVEZ DESNECESSÁRIAS

Desde sempre que as mulheres conhecem a força estratégica da palavra. Se eram silenciadas, escreviam diários, poemas e contos, na maior parte das vezes incondizentes com seus comportamentos submissos e delicados. Já no outro extremo, temos uma caixa-preta, ainda praticamente não estudada, que são as cartas ao bispo perdidas nas gavetas das sacristias no interior deste enorme país onde vivemos. Escrever cartas ao bispo era uma frequente recomendação às esposas quando estas se queixavam de alguma coisa aos maridos. Pensavam eles: "Haja paciência!" Mas diziam: "Queixe-se ao bispo." E elas o faziam. As sacristias, com seus diários, livros artesanais e toneladas de papéis, são o mais importante e caudaloso registro da vida e do imaginário das mulheres, desde a invenção da escrita.

Assim, falar de mulheres (ou do feminismo) na literatura é tarefa imensa. O século XIX é pródigo em registros impressos das mulheres e suas lutas em textos e poemas. A imprensa feminina da época é importantíssima e mostra não só mulheres escrevendo de forma profissional, mas sobretudo sua militância nas causas da abolição e do direito ao voto, só conquistado entre nós em 1934. Como exemplos da imprensa feminina lidando com os temas dos direitos, do sufrágio universal e da abolição, temos *O Jornal das Senhoras* (1852), *O Espelho Diamantino* (1827), *O Bello Sexo* (1862), *O Sexo Feminino* (1873), *Echo das Damas* (1879), *Primavera* (1880), *O Quinze de Novembro do Sexo Feminino* (1889), *O Direito das Damas* (1882), *O Quinze de Novembro* (1890), *Jornal das Damas* (1873) e *A Família* (1888), para citar os de maior duração. Ainda no século XIX e no início do século XX, Maria Firmina dos Reis lança *Úrsula* (1859), o primeiro romance escrito por uma mulher publicado no país, cuja trama mostra o engajamento da autora com a causa abolicionista. O que marca essa estreia, além do pioneirismo, é a condição de Firmina, pobre, afrodescendente e bastarda, o que a consagra como duplamente pioneira. Outros nomes chamam atenção na época, como Júlia Lopes de Almeida, abolicionista que desde 1907 se destacava no jornalismo e na ficção.

Essa enorme digressão me pareceu necessária para mostrar como as práticas da palavra iam adiante da realidade política das mulheres, na época ainda confinadas ao papel de anjos do lar.

MOMENTO MODERNO, UMA PRÉ-HISTÓRIA DO FEMINISMO NAS LETRAS

Podemos afirmar que a escrita feminina se profissionalizou a partir de 1930-1940, quando algumas autoras se consolidaram como referências na área das letras. É o caso de Rachel de Queiroz, nome que até hoje circula na cena cultural como uma grande escritora da literatura brasileira. Rachel inaugura sua carreira com a publicação do romance *O Quinze*, que trata do drama dos flagelados e de agudas questões sociais, com um trabalho de linguagem modernista competente e único que provocou Graciliano Ramos a achar que

Rachel era um pseudônimo de um autor "barbado". É muito importante sublinhar o vigor e a independência das mulheres na obra de Rachel, na qual as protagonistas são invariavelmente mulheres fortes, independentes e até mesmo cangaceiras, não devendo em nada aos homens nos quesitos liberdade e poder. As protagonistas de Rachel denunciam um paradigma de mulher brasileira muito frequente nos estados do Nordeste, conhecidas como as "matriarcas nordestinas": mulheres poderosas que governavam grandes fazendas açucareiras e exerciam o controle das famílias e agregados. Um paradigma feminino que foge substancialmente dos modelos de mulheres fragilizadas e submissas da literatura ocidental. Em sua vida particular, Rachel foi dona de seu destino, separou-se, casou-se, filiou-se ao Partido Comunista, foi presa por Getúlio Vargas, além de ter conquistado liberdade financeira e legitimação numa área da cultura na qual as mulheres estavam confinadas em uma literatura de nicho, isolada pela crítica como particularmente sensível e delicada. Entre seus muitos feitos como jornalista, escritora e política, Rachel foi a primeira mulher eleita para a Academia Brasileira de Letras, causando polêmicas e impactando o mundo das belas-letras. O conhecimento mais profundo da obra de Rachel foi bastante prejudicado por seu envolvimento político com o marechal Castelo Branco, seu primo, que se tornou presidente com o golpe militar de 1964. Considerando a importância de sua obra no cenário modernista nordestino, estamos ainda bem longe de ter compreendido a complexidade de sua figura literária e política, que ecoa as relações de poder e o papel da mulher no universo do Brasil profundo. Outras figuras aparecem no modernismo, como Pagu (Patrícia Galvão) e seu romance político em São Paulo ou no Rio de Janeiro, e Chrisanthème (pseudônimo de Maria Cecília Bandeira de Melo Vasconcelos), com seus escritos de crítica social, que não tiveram o impacto de Rachel de Queiroz.

Em 1944, é lançado *Perto do coração selvagem*, primeiro romance de Clarice Lispector, divisor de águas na literatura escrita por mulheres. Enquanto Rachel de Queiroz desenhava personagens que partiam obstinadas em direção à liberdade e ao espaço público, Clarice dobrava-se sobre si mesma e seu pequeno mundo privado com espanto e curiosidade perigosos. São várias as mulheres retratadas por Clarice: a de classe média, a empregada doméstica, a prostituta, a missionária... Ou seja, a infinidade de mulheres e seus papéis e personas que habitam nosso imenso espaço doméstico. Um espaço feito de pequenos acontecimentos e grandes sustos que constituem o tecido minimalista e sobressaltado de seus contos e romances. A primeira reação da crítica em relação a Clarice tocou na certa despragmatização da linguagem percebida nos textos da autora. A forma de deixar a palavra correr livre para que dê conta do que não é facilmente descrito, a modelagem da linguagem em busca de uma radicalidade expressiva, um tom decisivo e valente para o que se queria feminino. Na época, a crítica feminista francesa utilizava um conceito de base psicanalítica, a "*écriture féminine*", significando a escrita feita com o corpo que conseguiria afinal a inscrição eficaz da feminilidade. Clarice foi, por muito tempo, o grande objeto dessa tendência crítica. Outro recurso usado provavelmente para ajudar a suavizar a dificuldade de se apreender sua obra, até então sem referências ou modelos teóricos disponíveis, foi classificar sua linguagem como joyceana, bem próxima dos fluxos de conscência então em voga. Para mim, Clarice não se curva nem a uma possível escrita do corpo nem ao conhecido recurso dos fluxos de consciência. Ela simplesmente oferecia uma possibilidade literária de tradução da experiência social das mulheres, naquele momento ainda cifrada numa caixa-preta. Clarice começa a abrir essa caixa e com isso marca definitivamente a literatura feita por mulheres no Brasil.

Temos então, antes da formalização de um movimento de mulheres entre nós, dois grandes caminhos abertos para a literatura: a escrita modernista de Rachel, seca e crua, esculpindo mulheres obstinadas em direção à liberdade e ao espaço público, e a escrita oblíqua e minuciosa de Clarice, que procura flagrar e reconstruir pequeníssimos e surpreendentes acontecimentos no universo doméstico.

Nesse período pré-movimento feminista, uma escritora se destacava: Lygia Fagundes Telles, que desde 1938 vinha publicando contos, mas cuja carreira começa de fato em 1954, com o romance *Ciranda de pedra*. Lygia, assim como Rachel, conheceu a notoriedade logo no início, com suas primeiras publicações, mas se firma definitivamente com a publicação de *As meninas*, em 1973, dois anos antes da consolidação do feminismo entre nós. Nesse momento, o assunto já estava mais presente no ambiente brasileiro, ecoando os debates sobre os direitos das mulheres que avançavam na Europa e nos Estados Unidos. O fato é que *As meninas* chega e recebe imediatamente aplausos da crítica, traduções no exterior e nada menos do que o prêmio Jabuti, o prêmio Coelho Neto e o da Associação Paulista de Críticos de Arte.

De certa forma, a obra de Lygia dialoga com a de Clarice – de quem era muito amiga – na procura de expressar o universo da mulher que se tornava moderna no pós-guerra e estava em franca busca por linguagens que pudessem traduzi-lo.

O pano de fundo do romance *As meninas* é a ditadura militar em seu período mais duro (1973). A narrativa se move através dos conflitos e intimidades de três jovens amigas: Lorena, Lia e Ana Clara. O jogo com essas três figuras femininas conseguiu cruzar diferentes discursos e ideologias, apontando construções singulares especialmente em sua técnica narrativa, que, ainda que em primeira pessoa, se desloca constantemente para o fluxo do pensamento das três amigas, que atuam num reflexo contínuo sobre si mesmas e umas sobre as outras. Ao recebê-la na Academia Brasileira de Letras, o acadêmico Eduardo Portella a define em seu dicurso como criadora do realismo imaginário, noção tão interessante quanto pertinente sobre a obra de Lygia.

Ao longo de sua trajetória como escritora, Lygia ganhou uma quantidade espantosa de prêmios nacionais e internacionais, foi indicada ao prêmio Nobel, eleita para a ABL e feita comendadora da Ordem D. Infante Henrique de Portugal, repetindo a façanha de Rachel de Queiroz. Isso mostra que, embora a crítica e o mercado literário minimizassem a importância da escrita das mulheres, algumas conseguiram bem cedo romper tal barreira e se notabilizar na cena literária. Nélida Piñon foi mais uma que não fugiu à regra.

A escritora carioca começou cedo, em 1961, com a publicação de *Guia-mapa de Gabriel arcanjo*. Desde sua estreia, Nélida afirma e reafirma, em depoimentos e entrevistas, que pretende "subverter a sintaxe oficial". Isso se refere ora à linguagem do romance que trabalha uma espécie de "sintaxe pessoal", predominantemente metafórica e com alto nível de abstração, ora à construção de suas personagens mulheres, sempre rebeldes em relação à lógica patriarcal.

Especialmente em sua primeira fase, que vai de *Guia-mapa de Gabriel arcanjo* a *Força do destino* (1977), com oito romances publicados na década de 1970, Nélida trabalha personagens femininas fortes e transgressoras e, ao lado de Helena Parente Cunha e Marina Colasanti, é uma das poucas escritoras de sua geração a se assumir feminista e representar o Brasil em seminários e eventos internacionais.

Em declarações sobre o lançamento de *Guia-mapa de Gabriel arcanjo*, Nélida confessa ter incendiado os papéis femininos cristalizados nas narrativas. Sua protagonista, Mariela, uma versão rebelde da Virgem Maria, rejeita os atributos de virgem, esposa, mãe e mediadora e se afirma como sujeito de seu destino. Mas o livro mais ousado de Nélida e também o mais estudado pelas pesquisadoras feministas é o *A casa da paixão*, de 1977. É nesse romance que seu trabalho de subversão da "sintaxe oficial", nos dois sentidos, vai mais longe. A protagonista, Marta, órfã de mãe, torna-se desejo incestuoso de seu pai e não deixa de corresponder a esse desejo, mesmo que subliminarmente. O resultado é o despertar da consciência sobre o seu corpo e o corpo do outro a partir da perspectiva da mulher, um ser sexual. Na realidade, o título do romance, *A casa da paixão*, se refere diretamente ao corpo feminino, um corpo a ser habitado, explorado em cada espaço, vivenciado não apenas na função casamento, mas livre para se expressar quando e como desejar. Diz a protagonista em certo momento: "Odeio os homens desta terra, amo os corpos dos homens desta terra, cada membro que eles possuem e me mostram, para que eu me abra em esplendor, mas só me terão quando eu ordenar."

Mas o romper da sintaxe patriarcal não parece ser suficiente para Nélida. Sua escrita revela um trabalho de imagens que afasta a pornografia a favor do erotismo. Extremamente metafórico, em determinados momentos mesmo hermético, Nélida descreve o erotismo feminino com imagens raras, cinematográficas, alusivas. Na literatura, ela é celebrada como aquela que radicaliza o discurso do corpo e do desejo femininos em pleno advento do movimento feminista.

Fechando o período pré-ditadura, temos o fenômeno Carolina Maria de Jesus, uma das primeiras escritoras negras do Brasil e que hoje figura entre as mais importantes do país. Carolina Maria de Jesus, autora negra, mãe de João, José Carlos e Vera Eunice, favelada e catadora de papel, escreveu seu diário em cadernos que encontrava nos lixos de São Paulo. Viveu boa parte da vida na favela do Canindé e, ao mesmo tempo que trabalhava como catadora, registrava o cotidiano da comunidade onde morava nos cadernos que encontrava no material que recolhia. Escreveu mais de vinte cadernos, em que contou as tarefas e os acontecimentos de seus dias e de seus vizinhos, não poupando expressões para detalhar as próprias dores e os absurdos da vida que levava, em condições de extrema marginalização. Um desses cadernos deu origem a seu livro mais famoso, *Quarto de despejo – Diário de uma favelada*, publicado em 1960.

O livro veio a público pelas mãos do jornalista Audálio Dantas, que encontrou Carolina por acaso, ao visitar a favela do Canindé, reconheceu o valor de seus diários e promoveu a publicação do livro. *Quarto de despejo* foi um sucesso de vendas imediato; a primeira tiragem, de 10 mil exemplares, se esgotou em uma semana. Desde sua publicação, a obra vendeu mais de um milhão de exemplares e foi traduzida para catorze línguas, tornando-se um dos livros brasileiros mais conhecidos no exterior.

Já de início, o livro mostrou um dado importante: as várias faces do preconceito que acompanhou toda a carreira de Carolina Maria de Jesus. No momento de seu lançamento, entrou imediatamente em questão a veracidade de sua autoria. O desenvolvimento desse tipo de reação acompanhou todo o percurso do livro e da escritora, como veremos nesse breve comentário sobre sua obra.

O que salta imediatamente aos olhos em *Quarto de despejo* é uma dose máxima de realidade, e de uma realidade insuportável, inclusive para a autora. São relatos tristes cuja repetição monótona garante sua dramaticidade. As frases são curtas, impactantes, perturbadoras. O motor do livro é a indignação. A situação de pobreza e marginalização da vida na favela nunca é naturalizada. Ao contrário, Carolina expõe seu desgosto, sua indignação, reclama da vida sofrida e sonha em ver seu livro publicado e sair dali. É o relato de inúmeras cenas de alcoolismo, violência doméstica, brigas, assassinatos, prostituição infantil, miséria e fome. Registra ainda o descaso social e o caráter misógino e racista de suas relações. De sua indignação, as mulheres também não estão a salvo. São, na maior parte das vezes, julgadas como intolerantes, invejosas, de difícil convívio. Seria irresponsável definir *Quarto de despejo*, assim como os livros seguintes da autora, como impactados pelo feminismo que se anuncia na década. Ainda que a imagem que Carolina constrói valorize sua condição de mãe solteira, autossuficiente e alfabetizada, o que parece em jogo ali não são os direitos da mulher, mas o direito à vida.

Que *Quarto de despejo* é pioneiro e decisivamente importante em vários níveis e perspectivas, não se discute. Mas um desses aspectos é particularmente revelador: sua recepção e as estratégias de seu lançamento. Como mencionei, a primeira reação dos leitores e da crítica foi duvidar da sua autenticidade autoral. Realmente, o editor do livro, Audálio Dantas, como é de praxe, fez a revisão dos textos, ajudou a montá-los e assumiu outros cuidados editoriais de rotina. Porém, fica evidente nesses primeiros comentários sobre a obra o alto teor preconceituoso contra a mulher, contra a mulher negra e contra a mulher negra favelada.

Logo após o lançamento, a Associação Cultural do Negro promoveu uma homenagem à autora no seu salão, em 28 de setembro, Dia da Mãe Negra. Nesse mesmo momento, a associação lançou o terceiro número do jornal mensal *Níger*, com matéria de capa sobre *Quarto de despejo*.

Nesse evento, o diálogo entre Audálio Dantas e um convidado chamou atenção. Teria dito Audálio a seu amigo: "Você, que tem um certo prestígio, vê se dá uns conselhos para a Carolina, porque parece que ela está deixando subir à cabeça certas bobagens por causa do sucesso do livro. (…) Uma mulher sofrida que se vê, de repente, numa situação daquela, se não tiver muita força de vontade, vai fazer das suas mesmas, vai querer passar pelo que não é." As bobagens que estavam acontecendo na realidade eram um movimento de independência de Carolina em relação a Audálio e a recusa em obedecer ao layout mercadológico a ela imposto de personagem negra favelada com lenço branco na cabeça, o que fez dela uma mercadoria amada e odiada através da mídia. Mas Carolina, com seu humor instável, que lhe fez até mesmo, por vezes, ser tachada como louca, repetia o refrão: "Não é isso que quero falar. Vocês não estão entendendo. Me ouçam!" Carolina, bem menos manipulável do que sua situação poderia prever, mostrou a mesma independência e determinação expressa em seus diários.

Depois da publicação de *Quarto de despejo*, a autora mudou-se para um bairro de classe média na Zona Norte de São Paulo. Em 1961, publicou *Casa de alvenaria*, também uma compilação de seus diários feita por Audálio Dantas, que já não vendeu tanto e teve uma única edição de 3 mil exemplares. Mesmo sem ter tido repercussão, *Casa de alvenaria* tem uma importância particular. Aborda as mudanças em sua vida a partir de *Quarto de despejo*, como a saída da favela, a compra da casa num bairro de classe média, as alegrias e as angústias na nova posição. Talvez esse seja o primeiro e único relato da experiência de uma ascensão social.

Por conta própria, em 1963, publicou o romance *Pedaços da fome* e mais tarde *Provérbios*, livros que também não decolaram. Mesmo assim, Carolina acumulou dinheiro suficiente para se mudar, em 1969, para Parelheiros, no extremo sul da capital paulista. A obra de Carolina, a partir daí, começou a sofrer um apagamento significativo e permaneceu relativamente desconhecida do grande público até por volta de 2014, quando seu centenário foi comemorado, à luz da emergência dos novos movimentos feministas, como ícone e precursora da voz contundente de uma mulher negra favelada, catadora de papel, forte, independente e dona de sua história.

Em 2017, foi lançada sua biografia, minuciosamente escrita por Tom Farias num volume de 402 páginas. Deu-se então início a inúmeras novas publicações, teses, pesquisas e coletivos em sua homenagem. Carolina Maria de Jesus vira símbolo do feminismo negro e entra para o cânone literário, sessenta anos depois da descoberta de seus diários escritos em cadernos achados no lixo.

Mas Carolina não foi a única escritora negra a publicar livros nesse período. Em 1966, Anajá Caetano lançou *Negra Efigênia: paixão do senhor branco*. Anajá se identifica na introdução do livro como "romancista negra", oriunda da nação angolana Quioco, afirmando de início sua negritude e ancestralidade numa época em que essa identificação era praticamente ausente no mundo da expressão literária. O tema do romance é a reconstituição histórica do patriarcalismo escravocrata do século XVIII, sobretudo das relações entre senhores e escravos.

O enredo gira em torno de Efigênia, escrava de uma senhora cruel que foi raptada para ser esposa de um proprietário branco. É interessante observar nessa obra a concentração da crueldade do sistema escravocrata nas mãos das mulheres, no caso, a perversidade das sinhás. Era das mulheres a tarefa de aplicar duros castigos aos escravizados, sobretudo nas escravizadas, exibindo um lado desumano e impiedoso bem diverso da idealização feminina das sinhazinhas. A representação de crueldade associada ao poder é bastante comum na construção das figuras do que se poderia chamar de matriarcas ou sinhás, mulheres que dirigem a unidade familiar, engenhos e propriedades rurais. No tempo do estabelecimento dessas propriedades, especialmente no século XVIII, era comum que os homens viajassem muito em busca da ampliação de seu patrimônio, enquanto as mulheres administravam a casa e a economia ali produzida, tendo, portanto, nas mãos o direito de vida e de morte dos escravizados. Nesse sentido, o romance de Anajá reproduz fielmente não apenas a crueldade requintada das sinhás, mas também o poder e a autoridade dessas mesmas senhoras de engenho ou similares. A representação literária e simbólica dessas mulheres novecentistas "perigosas" é uma linha de estudos fascinante à qual me dediquei por alguns anos.

AS ESCRITORAS NOS TEMPOS DE CHUMBO

A literatura carro-chefe das décadas anteriores não mobilizou as jovens intelectuais e ativistas da geração pós-1964. Como foi visto, o período de 1964 a 1968 foi de extraordinária efevescência política e cultural, e as artes, que se manifestavam principalmente em locais públicos como cinemas, teatros, exposições, *happenings*, shows e festivais, mobilizando o encontro com espectadores e jovens em geral, ganharam espaço e o interesse dos atores culturais. A literatura da época alimentou-se basicamente da manutenção dos autores já conhecidos, como Antonio Callado, Erico Verissimo,

Jorge Amado e de uns poucos novos que surgiam individualmente, sem um sentido claro de tendência ou movimento cultural em que as mulheres estivessem presentes. De 1974 a 1982, se alguma tendência pudesse ser detectada, seria a voga do romance-reportagem e de uma leva masculina tratando da "realidade", coisa rara no jornalismo censurado da época. Um exemplo é *Feliz Ano Novo*, de Rubem Fonseca, publicado em 1976 e retirado de circulação por ser "contrário aos bons costumes". O livro retratava um caso de violência extrema, com direito a assassinatos, tortura e estrupo, durante uma festa de Ano-Novo da alta classe média. E todos o liam como um texto alegórico de nossa realidade. Parecia não haver brechas para mulheres, apesar do grande contingente feminino nos jornais, particularmente na crônica, como é o caso de Rachel, Clarice, Lygia, Marina Colasanti e, agora, já na segunda metade dos anos 1970, Ana Maria Machado.

Ana Maria Machado começou cedo no jornalismo, em 1962, no *Correio da Manhã*, ao que se seguiu uma carreira intensa como colaboradora da revista *Realidade* e da revista *Claudia*. O exílio na Europa, em 1970, não interrompeu sua carreira, e Ana passou a escrever a coluna "Vida Moderna" na revista *Elle* e para a BBC de Londres. Após retornar em 1972, começou a trabalhar na rádio JB FM e se voltou para as histórias infantis escrevendo mensalmente para a revista *Recreio*, prenúncio de uma carreira brilhante na literatura infantil. Uma simples análise de suas obras infantis revela um traço recorrente e singular: em todas as histórias a ênfase recai sobre a autonomia dos personagens. Elas são levadas a pensar de forma independente, a traçar seus próprios caminhos e a criar recursos de sobrevivência – uma nova literatura infantil com traços bastante marcados na recusa de modelos da lógica patriarcal. Seu primeiro livro, um romance para adultos, que começou a ser escrito em 1978 e foi publicado em 1983, foi *Alice e Ulisses*, uma história de paixão entre um homem casado e uma mulher descasada. Combinação entre *Alice no País da Maravilhas* – uma menina que se joga no desconhecido disposta a experimentar um universo inteiramente novo, fascinante e perigoso – e a *Odisseia* – um homem que vive uma grande aventura, evitando os perigos e o desconhecido, para cumprir sua missão de voltar para casa e recuperar seu patrimônio. O enredo falava por si, porém o mais interessante era a busca pelo "lugar de fala" da narradora. De onde essa história estaria sendo observada, contada? Quando eu falo, quem está falando? Essa é a grande pergunta do processo de escrita de *Alice e Ulisses*. Um fato talvez desconhecido da crítica é que a autora escreveu três vezes o romance em sua íntegra. A primeira versão na primeira pessoa, a segunda na perspectiva do personagem masculino e a terceira, em terceira pessoa, resultado dos exercícios anteriores. Esse trabalho, como já mencionei linhas atrás, levou cinco anos para ser concluído.

Seu segundo romance foi *Tropical sol da liberdade*, de 1988, romance político sobre a luta armada, o movimento estudantil e a resistência à ditadura do ponto de vista das mulheres. As personagens são as mães, irmãs, namoradas que sustentam o movimento. Trata-se de uma valiosa percepção sobre o custo e o peso da ação periférica exercida pelas mulheres.

O útimo romance de Ana dentro do período que estamos observando foi *Canteiro de Saturno*, de 1991. Sempre cronista de seu tempo, nesta obra ela trata da campanha das Diretas Já e do início do processo de redemocratização do país. Fala do tempo através de suas mais fortes personagens femininas, mulheres ligadas a artistas e intelectuais que dialogam com o pensamento que discutia aquele momento história e politicamente tão rico. Roberto Vecchi, crítico e professor da Universidade de Bolonha, faz uma análise do romance bastante aguda mostrando como a autora elabora uma narrativa que traz a situação política para dentro das relações interpessoais, o que hoje é um traço frequente na literatura produzida por mulheres. A carreira de Ana Maria Machado é espantosa. Escreveu dez romances, doze ensaios, dois livros de poemas, 138 livros infantis e juvenis. Destes, 86 foram traduzidos em dezenove idiomas. Em 1978, recebeu o prêmio Jabuti. Em 1981, o prêmio Casa de Las Américas e, em 2000, o Hans Christian Andersen, o maior prêmio de literatura infantil do mundo. Em 2011, foi eleita para a Academia Brasileira de Letras. Essa listagem não vem sem propósito.

É importante que se perceba que nas décadas de 1970 a 1990, os anos da consolidação do nosso movimento feminista, as escritoras já tinham conseguido um lugar de reconhecimento e já ecoavam a preocupação com a condição da mulher. Na academia, não era muito diferente. Os estudos de gênero começavam a ser divulgados, e as primeiras teses e artigos sobre o tema ganhavam espaço nas ciências sociais e na área dos estudos literários. É dessa época a criação do primeiro Grupo de Trabalho Mulheres na Literatura na Associação Nacional de Pós-graduação e Pesquisa em Letras e Linguística (Anpoll). A escrita feminina ganhava status conceitual e tornava-se objeto de interesse da crítica e dos estudos literários.

Uma autora de importância nesse momento foi Helena Parente Cunha, pesquisadora e professora da Faculdade de Letras da Universidade Federal do Rio de Janeiro (UFRJ), onde mantinha um grupo de estudos sobre a representação feminina na literatura e a produção de escritoras brasileiras a partir do século XIX. Helena começou a escrever no fim dos anos 1970, e seu romance mais conhecido é o *Mulher no espelho* (1982), premiado e traduzido na Alemanha e nos Estados Unidos. Em frente ao espelho, tendo por testemunha o autor-reflexo, a imagem bipartida da personagem dá início à desmontagem de tabus e ao reaprendizado do seu corpo.

Sem dúvida, a escolha dos temas e o cruzamento de sua obra com sua carreira de pesquisadora tornam os livros de Helena bastante particulares. A predominância de personagens femininas em suas tramas e a construção de heroínas que expressam inconformismo de uma escrita que transita sobre o campo minado da cultura dominante permeiam toda a sua ficção. É interessante notar que em *Mulher no espelho* a nenhuma personagem é atribuído um nome. Temos a "mulher que me escreve", a "mulher escrita", a "ama", a "mãe", o "pai", o "marido", os "filhos", o "preto bonito", o "filho da cozinheira", todos em anonimato forçado e sintomático. Nele, as metades bipartidas da protagonista se confrontam e se cruzam em torno da infância, da virgindade, do amor materno, da sexualidade, da infidelidade, da paixão e de uma imensa revolta reprimida, temas conduzidos no diapasão do que se convenciona como linguagem feminina, espasmódica, experimentando recursos de linguagem que consigam expressar descobertas e sentimentos interditados às mulheres. Helena foi exímia nesses jogos linguísticos e representou o país na maior parte das conferências e seminários sobre os estudos de gênero na literatura no Brasil e no exterior.

Outra escritora digna de atenção é Lya Luft, que, ao contrário de Helena, assumiu uma linha intimista mais alinhada aos caminhos de Clarice Lispector e Lygia Fagundes Telles. *As parceiras* (1980) narra a história de uma família de mulheres marcadas pela loucura e pela morte – um romance que retoma o trabalho com o pensamento em fluxo e vai do presente ao passado sem obedecer a uma ordem temporal, com lembranças que se associam livremente. Catarina, atraída por mulheres, incapaz de se enquadrar no sistema, se isola num sótão, seu microcosmo. Trata-se de um modelo recorrente nas narrativas de autoria feminina, em que as personagens que tentam quebrar padrões são invariavelmente condenadas. Em *As parceiras*, o preço a ser pago é a morte de Catarina. Lya Luft é pioneira ao problematizar a identidade de gênero e a homossexualidade, ainda que tenha sido abordada de forma muito branda por Lygia Fagundes Telles. Sobre ela, diz Caio Fernando Abreu: "Lya Luft não tem parentesco em nossa literatura: suas histórias desvendam um submundo emocional em que poucas se atreveram a penetrar."

CHEGOU O MOVIMENTO FEMINISTA

Sonia Coutinho é outro exemplo de jornalista escritora que despontou com força na literatura de mulheres nesse momento, entre os anos 1960 e 1970. A diferença é que Sonia, ainda que rejeitasse o rótulo de feminista, faz um tipo de literatura explicitamente engajada nas questões da condição feminina. Segundo a própria autora, todos os seus romances giravam em torno da "mulher em transição".

Sua trajetória é interessante. Nascida na Bahia, lança o primeiro livro, *O herói inútil,* em Salvador, em 1964. Seus livros posteriores trazem a marca dessa mulher que busca a transformação: *Nascimento de uma mulher* (Civilização Brasileira, 1971), *Uma certa felicidade* (Francisco Alves, 1976). Em 1978, muda-se para o Rio de Janeiro, e a chegada à nova cidade é experimentada pela escritora como um movimento de transformação libertária, de abandono do universo patriarcal familiar em direção à independência financeira e emocional. Os escritos dessa época são trabalhados numa linguagem radicalmente econômica, em torno da mulher solitária, de classe média, culta, independente, moradora de Copacabana, que rompe o destino a ela determinado quando decide sair da cidade natal e atravessar fronteiras físicas e simbólicas em busca de autoconhecimento e de seu espaço no mundo. É quase a mítica de sua infância. É disso que falam suas personagens, praticamente reencenando sob os mais diferentes prismas a experiência e a trajetória da própria autora.

No entanto, essa reconstituição obsessiva de sua história pessoal nunca se completa, e a obra produzida por Sonia em sua totalidade parece um tabuleiro com várias peças que começam a se encaixar no decorrer da leitura. Poderíamos dizer que a autora criou apenas uma personagem com muitos nomes e situações, e essa personagem seria um protótipo da mulher provando um certo mal-estar, mas mesmo assim empenhada na procura de si própria num quadro em que personagens se repetem, se recriam. Em várias entrevistas, Sonia insiste: "Não acho que minha literatura seja intimista. Aliás, detesto essa palavra."

Sua obra é extensa, e entre seus principais livros estão *Os venenos de Lucrécia, Os seios de Pandora, O último verão de Copacabana, Atire em Sofia, Uma certa felicidade* e *O jogo de Ifá*, a maior parte deles reunindo contos, sua grande expertise literária. Quando se aventurava no romance, como no caso de *Os seios de Pandora* e *O caso Alice*, Sonia era essencialmente contista. E nesses casos tratava, num tom policial, de casos de mulheres assassinadas. Volto às palavras da autora: "Acho que escrevi esses livros mais para *desconstruir* o policial clássico, machista, criando uma figura feminina de investigação. No lugar da detetive, uma repórter." Enfim, além de desconstruir o investigador policial machista, os temas trabalhados em sua escrita aguda e seca, ecoam o ideário feminista: imagens de emancipação feminina; crise dos papéis tradicionais atribuídos às mulheres; busca e questionamento da identidade; liberação sexual e solidão.

No conjunto de escritoras comentadas aqui até o momento, Sonia Coutinho é a primeira a assumir frontalmente a bandeira feminista que começava a se visibilizar progressivamente, sobretudo a partir dos anos 1980, período da redemocratização do país. A entrada na década de 1980 já traz uma geração mais confortável no papel de libertação dos paradigmas femininos patriarcais. Vou tomar dois exemplos diferentes e eloquentes.

Um deles é Márcia Denser, também jornalista e escritora. Como jornalista, trabalhou para as revistas *Nova, Interwiew* e *Vogue* e para o jornal *Folha de S.Paulo*. Organizou as antologias de contos eróticos femininos *Muito prazer* (1982) e *O prazer é todo meu* (1984). Seus principais livros nessa época são *O animal dos motéis* (1981), *Exercícios para o pecado* (1984) e *Diana caçadora* (1986). Conhecida como a musa *dark* da literatura brasileira, Márcia surpreendeu pelos cenários sombrios e por suas histórias de devassidão, bebedeiras, erotismo, jogos de sedução e vidas trágicas e dolorosas. Ela reflete bem a geração 1980, um momento político de transição democrática e certa liberação revoltada, como expressa no movimento punk rock do momento. Tempos da conhecida "geração abandonada" da Legião Urbana, dos Paralamas do Sucesso, do Barão Vermelho e dos Titãs.

Os contos de Márcia Denser trazem o clima do momento e representam a fase mais corrosiva da literatura de autoria feminina do período. Personagens e cenários, quase confundidos, colocam questões até então ausentes da literatura escrita por mulheres. Orientação sexual, autonomia sobre o próprio corpo e sexualidade e, consequentemente, a explosão do erotismo em seus textos mostram uma mudança radical no universo literário feminino.

O segundo caso é a chegada do romance *As mulheres do Tijucopapo*, vencedor do prêmio Jabuti na categoria Revelação em 1982, escrito por Marilene Felinto. Marilene faz a diferença nesse novo cenário. Com grande talento e uma escrita ácida, estilhaçada, de certa forma antecipa o universo da escrita e da cultura periférica que se consolidaria no fim do século.

A escritora nasceu em Recife em 1957, de família negra, pobre e evangélica. A Bíblia está muito presente em sua obra. "Minha primeira influência literária foi a Bíblia, recitada aos berros por pastores histéricos, entre bocejos de uma menina enfadada, sentada ao lado da mãe nos bancos duros dos cultos noturnos da Assembleia de Deus." Em 1970, migrou com a família para São Paulo, onde levou uma vida difícil, como a maior parte de nossas migrantes nordestinas, ao se instalar na grande metrópole. Ainda assim, estudou Letras na USP e tornou-se jornalista, tradutora e escritora. Foi colunista da *Folha de S.Paulo* por muitos anos, publicando textos fortes e polêmicos contra as desigualdades sociais e análises contundentes das relações de poder e renda no país. Sua relação conturbada com a redação e a diretoria da *Folha* inviabilizou sua permanência no jornal, do qual pediu demissão em 2002, passando a escrever para a revista *Caros Amigos*.[8] Marilene desenvolveu também um trabalho educativo com jovens da periferia, ensinando economia, sociologia e filosofia aos alunos do ensino médio paulista.

Seu primeiro romance, *As mulheres de Tijucopapo*, escrito aos 22 anos, pode ser visto como um acontecimento no quadro da literatura escrita por mulheres. Foi publicado originalmente em 1982 e faz referência às heroínas de Tejucupapo,[92] que em 1646 ganharam uma batalha contra os holandeses.

Sua narradora-personagem é Rísia, que, como Marilene, saiu de Recife para São Paulo e nesse momento da história volta a pé para Pernambuco para se redescobrir, se reencontrar e enfrentar o passado. "Vou para Tijucopapo para saber por que meu pai gostava tanto de dar em mim, para descobrir se eu sou mesmo feita de lama", diz ela, Macabéa ao avesso.

Rísia e Marilene são iguais às tantas mulheres retirantes nordestinas, negras, pobres que chegam à cidade grande sob a pressão e a urgência de se reinventarem. A autora define esse romance como um livro sobre o "trauma", ideia muito usada atualmente nos feminismos, especialmente nas políticas feministas identitárias. O trauma que impulsionou a partida, pela falta de trabalho, falta de perspectivas locais, fatores agregados – no caso da autora, a uma vida familiar de traições e violência doméstica. O trauma da vivência familiar e local, o trauma da viagem para o desconhecido, o trauma do sonho da terra prometida desfeito. A escrita como saída e como cura. Marilene em várias ocasiões repete:

8   Em 2019, Marilene Felinto volta a ser colunista da *Folha de S. Paulo*, dessa vez escrevendo para o caderno "Ilustríssima".

9   Há em Pernambuco a comunidade Tejucupapo, situada no mesmo local da trama. Em 1646, houve uma batalha na qual as mulheres se armaram e expulsavam seiscentos holandeses que invadiram Tejucupapo com o objetivo de saquear a vila. São as heroínas de Tijucupapo, que até hoje são homenageadas no local e que, referidas no romance, dão um tom histórico às lutas de mulheres.

Escrevo porque tenho a necessidade de elaborar a realidade de uma maneira suportável. Só a realidade como de fato ela é, não dá. Mas de onde vem isso? No meu caso, é um trauma. O processo da escrita, em si, é doloroso. É como se você fosse perseguido por uma história, por algo que precisa contar. É uma exposição, com elaborações de coisas difíceis como a relação violenta com meu pai. É como se eu tivesse transportado esse ato para a fase adulta, com a escrita e a literatura.[10]

Dois pontos na obra de Marilene merecem ser destacados. Primeiro, a linguagem em que elabora sua história que "precisa ser contada". Eu diria que temos aqui um relato bíblico esfacelado, mas também enfurecido, que, para se exprimir, não hesita em romper a lógica da linguagem, do tempo, das formas da escrita. Sobre essa escrita muito já foi dito. Ana Cristina Cesar, a poeta ícone da década, chama a escrita de Marilene de "feminina" porque é uma procura de uma outra língua que expresse experiências e pensamentos que não "cabem" nas formas disponíveis da linguagem a que temos acesso. Marilena Chauí, num belo prefácio à primeira edição, traz outra perspectiva. Diz ela: "Este livro nos conta a conquista de si pela conquista da palavra", o que não é muito longe do que sugere Ana Cristina Cesar quando fala da busca de formas de dizer o que ainda não pode ou não conseguiu ser dito. A própria autora define sua linguagem como aquela que não pode escapar de ser visceral para "permitir a elaboração de um trauma pela palavra".

José Miguel Wisnik, por sua vez, em texto que acompanhou a primeira edição da obra, toca no segundo ponto que eu queria observar: a personagem/autora, uma mulher pobre, negra, imigrante, chegando ao reino sagrado da literatura. Diz o crítico: "Marilene é uma menina do Brasil e tudo mais é atravessado pela força surpresa

---

10   Entrevista de Marilene Felinto ao *Le Monde Diplomatique Brasil* em 10 de julho de 2019.

de seu livro inteiramente pessoal, contundente, revelador. (...) Marilene vem daquilo que costumam chamar o 'nada', o lugar social cultural avesso ao nicho habitual da literatura, e isso ela incendeia em sua história com flama rara."[11] Se o primeiro ponto fala de uma língua literária inovadora e espasmódica de *As mulheres de Tijucopapo*, digna de ser analisada, o segundo fala de um segmento de mulheres ausentes não apenas da literatura feminista ou não feminista, mas também das ações do próprio movimento feminista. Essa é uma questão urgente para uma nova pauta feminista, tema do recente *Feminismo para os 99%: um manifesto*, de Nancy Fraser, Cinzia Arruzza e Tithi Bhattacharya, publicado em 2019, um manifesto que fala da necessidade de um olhar feminista inclusivo para as questões que realmente afetam a esmagadora maioria das mulheres, que são as pobres, imigrantes, racializadas, sem moradia adequada, saúde pública e acesso à educação. Mulheres que não se reconhecem feministas porque não são ouvidas ou mesmo percebidas pela maioria das políticas feministas. Esse é o grande mérito de *As mulheres de Tijucopapo* e de todas as Rísias que pedem passagem na nossa literatura.

Ao lado de Marilene, temos outro caso que merece atenção, que é a surpresa do lançamento, em 1985, de *A mulher de Aleduma*, de Aline França. Aline já havia publicado, em 1979, a novela *Negão Dony*, história de um funcionário do manicômio do Estado, profundo conhecedor do candomblé. Mas é com *A mulher de Aleduma* que obtém reconhecimento crítico no meio literário baiano. O livro é hoje considerado precursor da literatura afrofuturista, a qual engloba criações artísticas que exploram futuros possíveis para as populações negras a partir da reconfiguração da ancestralidade africana.

Em *A mulher de Aleduma*, um negro divino, Aleduma, gesta juntamente com a deusa Salópia o planeta IGNUM. O mar de IGNUM, o

---

11 Ver texto de José Miguel Wisnik em: FELINTO, Marilene. *As Mulheres de Tijucopapo*. Rio de Janeiro: Editora Paz e Terra, 1982. Reedição: São Paulo: Ubu, 2021.

grande mar, o rei dos mares, o começo e o fim de todos os mares do universo, governa todos os mares do planeta. Uma população negra possuidora de inteligência superior, com os pés voltados para trás, traz a perspectiva de um novo início do universo, agora de gênese negra, através de uma descendência soberana negra. Porém, isso não significa que a autora esteja se referindo a um passado escravocrata ou diaspórico, mas projetando narrativas alternativas que não aceitam a atualidade racista como definitiva.

Em IGNUM, o protagonismo negro feminino é soberano. A ficção afrofuturista de Aline França reelabora ainda a matriz do corpo, dando-lhe outra configuração biológica e da sexualidade, na narrativa vista como pansexualidade. *A mulher de Aleduma* é uma metáfora afrocentrada realista sobre o mergulho do negro em sua essência para conseguir protagonizar seu destino. O livro foi lançado no Encontro de Entidades Negras, promovido pela SBPC-BA, e imediatamente se tornou tema de inúmeros artigos e entrevistas de jornalistas não só no Brasil, mas também na Nigéria, na Bélgica, na Alemanha, nos Estados Unidos, na Itália e na Holanda. É sintomático que a obra não tenha recebido a devida atenção nem tenha tido a repercussão que merecia. Somente no século seguinte, a literatura de mulheres negras entre nós vai ganhar a visibilidade e o reconhecimento a que faz jus, especialmente com as publicações de *Ponciá Vicêncio*, de Conceição Evaristo, em 2003, e *Um defeito de cor*, de Ana Maria Gonçalves, em 2006.

A POESIA

Pode-se dizer que a poesia trilhou os mesmos caminhos da prosa na constituição de uma literatura que ecoasse traços feministas. No início, quando o movimento feminista dava sinais de vida, em 1976, o panorama poético era bastante equivalente ao da ficção em prosa.

Grandes poetas tinham reconhecimento na cena pública, as mais velhas já saindo dela, mas mantendo sua produção e prestígio, cada uma com seu traço e sua maneira de encarar a questão feminina. Das décadas de 1920 e 1930, as protagonistas foram Cecília Meireles, Henriqueta Lisboa e Adalgisa Nery, as três bastante engajadas na vida intelectual e política do país.

Cecília Meireles, envolvida com os intelectuais católicos da revista *Festa* e o cenáculo cruz-sousista, é considerada uma das poetas mais importantes da segunda fase do modernismo brasileiro, a do vanguardismo nacionalista. Participava ativamente da vida pública do país, era contra a ditadura de Vargas, definia-se como livre--pensadora e era engajada em políticas educacionais libertadoras, democráticas e mistas, baseadas nos conceitos da Escola Nova, de John Dewey. No jornal *A Manhã*, defendia essas ideias na coluna "Página de Educação" (1930 a 1933).

De 1919 a 1974, publicou 47 livros de poesia e mais de 2 mil crônicas. Seus livros mais lidos e admirados são *Viagem* (1939), *Vaga música* (1942), *Mar absoluto* (1945) e *Retrato natural* (1949), além de sua obra-prima, *Romanceiro da Inconfidência* (1953), fruto de dez anos de pesquisa. Fundamentalmente lírica, tinha uma poesia potente, de excelência técnica e musical. Era admirada sobretudo pela variedade formal, abrangendo praticamente a expressão de todos os ritmos líricos importantes. Cecília era vista de forma bem interessante no meio poético. Contemporânea de Henriqueta Lisboa, Adalgisa Nery e Gilka Machado, que tratavam mais diretamente da causa das mulheres, Cecília teve um lugar destacado na "grande poesia" e era considerada poeta maior, ao contrário de suas companheiras de geração.

Gilka Machado estreou em 1915 com *Cristais partidos*, a que se seguiram *Estados de alma* (1917) e *Mulher nua* (1922). Adalgisa editaria sua primeira obra em versos apenas em 1937, intitulada *Poemas*, anos após a morte do marido Ismael Nery; portanto, apenas pouco tempo antes do ano em que Cecília publicava *Viagem*, de 1939. De qualquer forma, seria injusto afirmar que Cecília, ainda que raramente, não expressasse sua condição feminina. Num de seus mais célebres poemas, "Retrato", do livro *Viagem*, Cecília se observa durante a passagem da vida enquanto perda de faces, de imagens, enquanto desdobramentos de identidades, o que traz sua poesia para o universo pessoal.

Henriqueta Lisboa publicou seu primeiro livro, *Fogo fátuo*, em 1925, aos 21 anos. Logo de início, foi aclamada por críticos como Sérgio Buarque de Holanda e Otto Maria Carpeaux, mas também por seus pares, como Mário de Andrade, Manuel Bandeira e Carlos Drummond de Andrade. Henriqueta tem um trabalho poético bastante pertinente, que pode ser observado através da sequência de seus livros. De início claramente marcada pela poética simbolista, vai se desdobrando progressivamente em direção a uma linguagem mais forte e consciente de si. Inicialmente mais mística e abstrata, torna-se concisa e minimalista, consolidando uma carreira surpreendente pelo labor poético e pela preocupação crescente em relação a sua condição como mulher, valendo-se de uma escrita menos abstrata do que suas antecessoras. Seus traços principais são um cuidadoso minimalismo e uma atraente concisão de pensamento e escrita. Talvez algumas dessas características possam ser observadas no lirismo direto de poetas como Hilda Hilst e Orides Fontela.

Já a terceira poeta desse grupo mostra-se mais inquieta e corajosa. Adalgisa Nery teve uma vida sentimental turbulenta, com dois casamentos complicados, e uma intensa vida pública. Foi jornalista, escrevendo sobre política no jornal *Última Hora*; eleita deputada três vezes, teve seu mandato e seus direitos políticos cassados em 1969. Adalgisa foi casada com Ismael Nery, famoso artista da vanguarda surrealista, e com Lourival Fontes, jornalista responsável pelo Departamento de Imprensa e Propaganda do Estado Novo, o que era estranho, considerando que ela era uma mulher de esquerda e fichada como comunista pelo governo de Getúlio. Participante ativa do movimento modernista, só começou a publicar em 1937, depois da morte de Ismael. Seus primeiros livros *Poemas* (1937) e *Mulher ausente* (1940), levaram Manuel Bandeira a compará-la com Safo de Lesbos pelo erotismo libertário, e Drummond classificou seu romance *A imaginária* (1959) como "livro-choque". Altamente poético, lembra, de certa forma, Clarice Lispector, com seus diálogos interiores e sua sensibilidade aguda. *A imaginária* narra o percurso de autoconhecimento e entendimento de sua condição de mulher a partir de um casamento de traços abusivos, referência indisfarçável a seu casamento com Ismael Nery. Vários artigos foram escritos sobre essa relação, como o de Afonso Romano de Sant'Anna chamado "Adalgisa Nery: vampirismo masculino ou a denúncia de Pigmalião", vampirismo esse fartamente explorado no excelente livro de Ana Arruda Callado *Adalgisa Nery: muito amada e muito só*. No total publicou seis livros de poesia, dois de contos e dois romances.

Neste contexto destaca-se ainda Gilka Machado, a anti-Cecília Meireles. Gilka era pobre, negra, remava e nadava pelo Flamengo e foi uma das primeiras mulheres a escrever poesia erótica no Brasil. Ao longo de sua trajetória, o racismo nunca lhe deu trégua. Humberto de Campos classifica a sensualidade expressa em seus poemas eróticos como uma "mentalidade crioula" que levava a "rimas cheias de pecado". Afrânio Peixoto a chamava de "mulatinha escura e pobre". Sua condição de classe também esteve sempre presente como elemento depreciativo na fortuna crítica de sua obra. Gilka responde a isso com uma poesia voltada para as questões sociais e raciais. Em seus poemas, procurou abordar a situação das classes sociais menos abastadas, deixando explícito o descaso do governo. Em 1910, fundou o primeiro partido político dedicado às mulheres, o Partido Republicano Feminino, no qual exerceu o cargo de primeira secretária. Foi precursora não apenas da literatura erótica feminina, mas também de uma poesia com forte denúncia da opressão às mulheres no Brasil. Em sua poesia escrevia "Mulher", com "M" em caixa-alta, para afirmar a força do sexo feminino.

Nos livros que publicou, como *Cristais partidos* (1916), *A revelação dos perfumes* (1916), *Estados da alma* (1917), *Mulher nua* (1922), *Meu glorioso pecado* (1928) e *Sublimação* (1938), Gilka colocou em versos de forma explícita e destemida os desejos, os traumas, as paixões e a sexualidade feminina. A crítica reagiu instantaneamente. Foi um texto de Afrânio Peixoto, em 1916, que inaugurou a "caça à Gilka", chamando-a de "matrona imoral". Em seguida, vieram muitos outros: Agripino Grieco chamou a poeta de "bacante dos trópicos", Emílio Moura classificou sua obra como um "bailado voluptuoso" e Humberto de Campos a definiu como uma "tempestade de carnes". Para os críticos, por ser "mulata" Gilka tinha em si uma "depravação vinda dos negros".

Gilka não deixou barato essas acusações. E também recusou a ajuda de grandes nomes. Recusou, por exemplo, o pedido de Olavo Bilac para escrever o prefácio de *Cristais partidos*. Quando Bilac perguntou o motivo, Gilka apenas respondeu que queria enfrentar o público sem defesa. *Cristais partidos*, o primeiro livro de Gilka, foi publicado em 1916, e o último, *Velha poesia*, em 1968. Em 1978, lançou suas *Poesias completas*. Teve sua obra traduzida em francês e espanhol. Nascida em 1893, morreu em 1980. Uma longa vida, que permitiu que Gilka Machado participasse do movimento sufragista e assistisse ao nascimento do movimento feminista. Teve dois filhos, Helio e Eros Volúsia, uma das maiores e mais ousadas dançarinas da história do país.

Achei importante mencionar essas poetas que cobriram um extenso período de nossa história, pois, mesmo não sendo exatamente feministas, elas mostram como, antes do nascimento do movimento, as poetas daquela época já tinham vida pública, chegando a desempenhar papéis políticos – caso de Adalgisa –, e suas obras eram reconhecidas, premiadas e traduzidas. É claro que o número das poetas silenciadas e esquecidas é imenso. Mas esses exemplos evidenciam que na cena da poesia brasileira a presença da mulher começou a se afirmar muito cedo.

Já Cora Coralina é uma poeta particular. Na realidade, Ana Lins dos Guimarães Peixoto Bretas, nascida na cidade de Goiás, começou a publicar contos e poesias aos catorze anos em periódicos locais, sob o pseudônimo de Cora Coralina, por causa da repressão da família, que não admitia mulher escrevendo em cena pública. Casou-se e continuou publicando sob pseudônimo e sem grandes alardes, na cidade natal. Com a morte do marido, em 1934, mudou-se para São Paulo, onde se tornou vendedora de livros na editora de José Olympio. Em 1956, decidiu voltar a Goiás, e lá passou a ser doceira, profissão que a sustentou até o fim da vida.

Em 1965, aos 76 anos, decidiu publicar seus escritos pela editora José Olympio no livro *Poemas dos becos de Goiás e estórias mais*. Em 1983, tornou-se a primeira mulher a vencer o prêmio Juca Pato, com o livro *Vintém de cobre: meias confissões de Aninha*.

Mas foi Carlos Drummond de Andrade, em sua coluna do *Jornal do Brasil*,[3] que foi responsável pela maior repercussão de Cora Coralina na cena literária. Drummond chamou atenção para um dado importante da poética da autora. Diz ele: "seu verso é simples, mas abrange a realidade vária." Realmente, o grande valor do verso e do conto de Cora Coralina é a atração por todas as vidas. Seu verso fala, como observa Drummond, do menor abandonado, do pequeno delinquente, do presidiário, da mulher da vida, do trabalho no campo, das boiadas, dos becos e sobrados, do orgulho extinto de famílias pobres, dos aristocratas. E Cora Coralina corrobora: "Vive dentro de mim/ uma cabocla velha/ de mau olhado,/ acocorada ao pé do borralho,/ olhando para o fogo." "Vive dentro de mim/ a lavadeira do rio Vermelho./ Seu cheiro gostoso/ d'água e sabão." "Vive dentro de mim/ a mulher cozinheira,/ Pimenta e cebola./

Quitute bem-feito." "Vive dentro de mim/ a mulher do povo./ Bem proletária./ Bem linguaruda,/ desabusada,/ sem preconceitos."[12]

No quadro das lutas das mulheres, a posição de Cora Coralina é ambígua. Sua pegada é aristocrática e humanitária, mas o registro insistente dos usos tradicionais brasileiros e do quadro social com o qual trabalha abre um cenário interessante para o avanço político da poesia de mulheres em Goiás.

Outra geração de poetas atuou na década de 1950, estando em plena produção nos anos 1960 e 1970, período do surgimento do movimento feminista. Chegam no pós-guerra, quando a situação feminina se transforma consideravelmente. Junto com Clarice Lispector, Hilda Hilst é outra guia maior para uma estética contemporânea, incontornável, imprescindível. Hilda, influenciada por James Joyce e Samuel Beckett, traz para a poesia temas como misticismo, insanidade, erotismo e libertação sexual feminina e técnicas joyceanas como fluxo de consciência e realidade fraturada. Seu primeiro livro, *Presságio*, publicado em 1950, foi recebido com grande entusiasmo por poetas e críticos. A mulher na obra de Hilda toma a palavra e recusa o lugar de donzela; a busca do amor ela faz por si mesma, em versos afrontosos. E a busca é realizada com todas as armas de que dispõe, fazendo-se mulher imensa, mágica e misteriosa. Não é simplesmente dar voz à musa, mas cantar um muso, homem do mundo, num universo que poucas vezes viu essa inversão. O outro lado de sua obra é expresso em sua trilogia obscena: *O caderno rosa de Lori Lamby* (onde faz uma homenagem a Gilka Machado colocando seu nome em uma de suas personagens, a tia Gilka), *Contos d'escárnio/ Textos grotescos* e *Cartas de um sedutor*. Hilda não poupou críticas à sua falta de visibilidade, apesar da unânime aclamação no meio literário. A partir de 1966, mudou-se para sua Casa do Sol, em Campinas, onde viveu o resto da vida, recebendo amigos e escrevendo em

---

12 CORALINA, Cora. *Poemas dos becos de Goiás e estórias mais*. São Paulo: Global, 2016.

reclusão. Não se pode dizer que Hilda Hilst seja "representante de uma geração", do mesmo modo como não pode ser considerada matriz de nenhum movimento poético ou literário. O fato de se autonomear "obscena", sua ousadia e seu desacato não chegaram a impactar, como era de se esperar, a poesia da época. A figura de Hilda foi praticamente limitada a de uma poeta cult com hábitos estranhos. O interessante é que recentemente sua obra foi recuperada pelas jovens, e Hilda foi elevada a ícone poético feminino. Outra poeta que certamente será recuperada, como Hilda, é Orides Fontela. Igualmente atormentada e ousada, Orides se distancia de Hilda por sua concisão e violência. Ela tinha total consciência do uso da linguagem poética e de sua capacidade múltipla de concretude e abstração. Era uma poeta forte, que ainda não recebeu a visibilidade a que tem direito.

As demais poetas da geração de 45, que publicaram a partir dos anos 1950, mostram caminhos independentes e cada vez mais contundentes na exploração das experiências e da sexualidade feminina. Cito algumas que me são particularmente caras: Marly de Oliveira, Elizabeth Veiga e Lélia Coelho Frota, poetas tecnicamente impecáveis que desenvolveram um lirismo irônico e crítico e que inexplicavelmente não tiveram a merecida visibilidade. As três são poetas maiores e sinalizam o que está por vir na década de 1970, com duas poetas que realmente definem um momento de virada na poesia escrita por mulheres entre nós. São elas Adélia Prado, que chega em 1976 com *Bagagem*, e Ana Cristina Cesar, que chega no mesmo ano na antologia *26 poetas hoje* – ambas sincronizadas cronometricamente com o nascimento do movimento feminista. Até agora, nossas poetas vinham, como espero ter mostrado, num caminho dirigido à conquista da palavra de uma mulher independente que cada vez mais expressa livremente seus desejos e sua sexualidade. Um caminho com suas diferenças, mas cuja matriz se liga à vertente de Rachel de Queiroz, com suas heroínas "arretadas", para usar o termo de Rachel e Marilene Felinto. A maioria dessas poetas que antecedem o início do movimento feminista tinha papéis claros na vida pública, como Rachel. Cecília Meireles e seu ativismo em prol da renovação libertária na educação; Adalgisa Nery, eleita três vezes deputada; Gilka Machado sufragista e fundadora do Partido Republicano Feminino.

Adélia, Ana e suas poesias não são guerreiras, não são políticas formais, não explicitam nenhuma sexualidade que impacte suas leitoras e seus leitores. Mais afeitas à linha de Clarice Lispector, ambas olham de perto, com maior ou menor carinho, os acontecimentos e objetos que compõem o abafado universo feminino.

ERÓTICO É A ALMA

Adélia Prado, nascida em 1935, foi "descoberta" aos quarenta anos por Affonso Romano de Sant'Anna e Carlos Drummond de Andrade, que viabilizou sua publicação pela editora Record em 1976. *Bagagem* foi lançado num grande evento que mobilizou, além de Drummond, personagens como Clarice Lispector, Juscelino Kubitschek e Antônio Houaiss. O universo trabalhado por Adélia é novo na poesia e surpreende. Assim como Clarice, seu olhar recai sobre o espaço privado. Mas enquanto Clarice, inconformada, insiste em deslocar ou tensionar os vetores desse universo, oferecendo uma nova forma de olhar fatos e peças aparentemente insignificantes do jogo cotidiano, Adélia deixa-os no mesmo lugar e tamanho e ilumina a experiência com esse universo doméstico, explicitando suas antíteses, mesmo que as contradições do mundo feminino sejam estratégias para perceber uma existência muito mais complexa, que não se resume apenas em casar e parir. O espaço da casa aparece como núcleo das experiências cotidianas que surpreendem precisamente pela sua normalidade. A sensação é de que Adélia ativa um processo de *insights* provocado pela poesia dentro do seu próprio universo feminino. A poeta parece se autoperceber como esposa, mãe e dona de casa através do ato poético; ela não é superior ou vítima, é o que as circunstâncias históricas a fizeram viver e aprender. Em entrevista a Paulo Cesar Pucciarelli publicada na *Revista Germina*, Adélia diz: "Eu, como todo mundo, só tenho o cotidiano, o que não é pouco." A poeta e a personagem encarnam de forma radical a figura da mulher comum, a mulher do dia a dia, a mãe. Assim, ela se autonomeia nos poemas e expõe os sentimentos e as sensações também comuns como doer, gritar, chorar. Um quadro de normalidade talvez excessiva inserido pela primeira vez numa poesia que, apesar de trair declarações da autora, não hesito chamar de feminista. Para Angélica Soares,[13] Adélia promove a "desestruturação da repressão sexual feminina, utilizando-se dos próprios elementos estruturadores dessa repressão". Vou aproximar meu foco um pouco mais nessa mulher tão comum. Ela mostra um certo acanhamento diante do erótico. Um acanhamento que, além de expor as limitações na educação das mulheres em geral, mostra em Adélia um reforço erótico violento que perpassa as mais simples tarefas cotidianas. O poema "Casamento", no qual ela escama um peixe de maneira gentil e submissa em meio a fantasias eróticas que se concretizam no próprio poema, é exemplar.

Essa mulher é, segundo a própria Adélia, desdobrável, capaz de aliar a alegria de se expressar livremente com a irritação diante do peso da tradição opressiva masculina e muitas outras situações aparentemente contraditórias. Sua poesia consegue promover o desdobramento contínuo de oposições a princípio fixas. Essa mulher é muitas vezes estranha no relato de seu cotidiano supostamente comum. Um bom exemplo é a maneira insólita com que representa em vários poemas a diferença entre os sexos e sua complementariedade física: um vidro e sua rolha, uma bilha e seu gargalo fálico, um copo

---

13   SOARES, Anélica. *(Ex)tensões: Adélia Prado, Helena Parente Cunha e Lya Luft em prosa e verso*. Rio de Janeiro: 7 Letras, 2012.

de plástico e um quiabo seco, guardado ali, como o pênis dentro de uma vagina.

Finalmente, essa mulher é religiosa. Pode-se dizer que a poesia de Adélia faz uma conta de chegada entre algumas forças: as experiências erótico-amorosa, religiosa e poética, todas bem plantadas num cotidiano banal. Essa conta soma, portanto, erotismo e religiosidade. A mulher comum de que fala Adélia, que mora em uma cidade no interior de Minas Gerais chamada Divinópolis, não vê a menor incompatibilidade na harmonização de uma fé religiosa com uma relação erótica com o real. A convivência constante do erótico com o sagrado é o meio constitutivo da vida dessa mulher e das banalidades de seu cotidiano. "Erótico é a alma", declara Adélia. Tanto o intenso erotismo de Adélia quanto sua religiosidade não menos intensa espantam e encantam, porque não se expressam fora dos atos repetidos e simples de sua vida interiorana. Nem o erotismo nem a religião parecem questões para a autora. São apenas componentes de sua vida mineira. Há um poema religioso (?) chamado "Parâmetro", que, por ser curto, me permito reproduzir aqui. Diz o poema: "Deus é mais belo do que eu/ E não é jovem./ Isto sim, é consolo." (Diria que este é quase um poema marginal.)

Assim também é o erotismo presente na poesia de Adélia Prado: ainda que contrarie os padrões morais da época, não representa para a poeta nada além do que uma característica da *mulher real*. E é também uma bandeira levantada em favor da liberdade feminina.

Ana Cristina Cesar, a segunda poeta que, junto com Adélia, marcou a década, teve sua primeira publicação na antologia *26 poetas hoje*,[14] lançada no mesmo momento que *Bagagem*, de Adélia Prado. As duas têm em comum o universo íntimo da mulher como tema. Enquanto Adélia trabalha a "mulher real" interiorana, Ana Cristina

---

14 Organizada por mim, foi publicada em 1976 pela Editora Labor do Brasil. Essa antologia virou referência sobre a poesia marginal que protagonizou a cena poética nos tempos mais duros da ditadura militar.

se aventura num novo/mesmo espaço: a mulher urbana, letrada, ansiosa e bastante perplexa com o momento histórico que a poeta vivia, inclusive com o advento do feminismo. Uma de suas preocupações era se haveria uma poesia feminina distinta, em sua natureza, da poesia masculina, ou, colocando de forma mais simples, o que seria uma "linguagem feminina", questão que a persegue em toda a sua produção poética. Mas pergunto eu: o que Ana Cristina procurava ao perseguir a dita "linguagem feminina" na poesia? Pergunta ainda meio que em aberto para mim. É importante destacar que a atenção aos desejos e às experiências das mulheres, presente no universo das duas, muitas vezes como uma pergunta, se sincroniza bastante, mesmo que de forma involuntária, com o nascimento do movimento feminista, que começa com grupos de conversa exatamente sobre esses temas que estão no dia a dia da mulher "normal" e que se transformarão em objeto de luta e transformação. Me parece que é isso que Ana Cristina pergunta quando, tão obstinadamente, se interroga sobre os temas e a linguagem feminina na poesia.

Em sua obra crítica, Ana Cristina inaugura essa preocupação na resenha que escreve para duas antologias. Uma de poemas de Cecília Meireles, outra de poemas de Henriqueta Lisboa. A resenha se chamou "Literatura e mulher: essa palavra de luxo".[15] Partindo da ideia bastante interessante de que quem define a literatura feminina são os homens, Ana foca sua resenha nas notas editoriais e prefácios de professores universitários sobre as duas. Nesse caso, o prefácio para a antologia de Cecília se chamou "Poesia do sensível e do imaginário" e o para a de Henriqueta, "Do real ao inefável". A resenhista, "sem querer ser panfletária", mostra a similariedade da construção da imagem do que seria uma poesia feminina com a igualmente perversa forma como se desenham e limitam o papel e a imagem das mulheres na realidade. Ana prossegue avaliando a excelência técnica

---

15   CESAR, Ana Cristina, "Literatura e mulher: essa palavra de luxo", *Almanaque*, n° 10, 1979.

das duas poetas e a evidência do cerceamento de sua margem de trabalho nas áreas expressiva e temática. Nessa mesma resenha, as compara com Adélia Prado, que, segundo ela, supera a feminização imagética pela feminização temática, dando um salto significativo na discussão do universo feminino. Em Adélia, a pergunta é feita dentro do texto e pela própria poeta.

Em seguida, ainda na crítica, Ana vai observar a linguagem de uma feminista ficcional, Sylvia Riverrum. E é extremamente interessante sua conclusão de que, após longas tentativas estéticas, somente abrindo mão de seu discurso feminista Sylvia consegue se expressar como mulher. Outra autora a ser analisada é Marilene Felinto, com seu romance *As mulheres de Tijucopapo*. Segundo Ana Cristina, Marilene narra seu retorno mítico de São Paulo para o Recife natal *femininamente*, ou seja, "de maneira errante, descontínua, desnivelada, expondo com intensidade sentimentos em estado bruto". Temos nesse quadro apenas duas saídas para uma linguagem literária libertária para as mulheres. Adélia, que expõe sem meias-palavras ou floreios o universo doméstico da mulher "real" em estado bruto, ou Marilene, que rasga, desnivela, desmonta a linguagem para expressar seus sentimentos também em estado bruto. Entretanto, a linguagem objetiva e normativa do feminismo encarcera a percepção sensível da mulher. Essa quase fábula que Ana Cristina escreve sobre a feminista que não conseguia entender um texto literário traz uma oposição no mínimo bizarra: o feminismo *versus* a emoção. Mais interessante ainda quando, através de sua correspondência particular, podemos ver como Ana comprava, se interessava e lia as feministas, particularmente as inglesas que começavam a despontar no campo teórico da terceira onda. Ana captou nessas análises controversas uma ambiguidade que perpassa todas as autoras e poetas até mais ou menos 2015, quando surge um contingente de poetas (boas) que experimentam, com grande talento, a compatibilização entre a linguagem poética e a experiência feminista.

Da Ana Cristina crítica, passo para a poeta. Ana C., como passou a se chamar a partir da publicação de seu primeiro livro. Pois Ana C. tinha mais afinidade com Adélia do que pode parecer à primeira vista. Era uma menina de classe média, de família bastante conservadora, que por toda a infância convivia com poesia religiosa lida e cantada nas igrejas e fazia jornaizinhos domésticos. Sua mãe era professora de literatura do colégio Bennett e o pai, especialista em ecumenismo de raiz protestante. A vida religiosa da família marcava uma estrutura familiar rigorosa e muitas vezes opressora. O título *A teus pés* (1982), seu primeiro livro publicado comercialmente, sugere devoção religiosa, humilhação diante do senhor, romantismo. O universo de Adélia.

A poesia de Ana Cristina Cesar, sintonizada com sua atividade crítica, também buscava entender o que seria uma poesia de mulher. O universo que trabalhava era o da intimidade extrema, do segredo, do balbucio, do pé do ouvido. Na sua poesia, a conversação é o próprio sentido do poema. Mas o poema conversa com alguém que não é identificado, que é escondido através da obra toda. A falta desse interlocutor íntimo orienta (ou desorienta) a percepção lógica do poema. A interlocução ganha um espaço enorme em sua obra feita de cartas, diários, poesia, e termina sendo constituinte desse jogo de identidades imprecisas e especulares.

Vou reproduzir uma fala da poeta sobre sua poética.

A intimidade (e a subjetividade) não é comunicável literariamente. É como se eu estivesse brincando com essa tensão. Eu queria comunicar, jogar minha intimidade, mas ela foge eternamente. Ela tem um ponto de fuga. A gente sempre procura num poema alguma coisa do autor. Eu puxo até o limite esse desejo do leitor. Que texto maluco é esse, que conta e, ao mesmo tempo, não conta?"[16]

---

16   CESAR, Ana Cristina. *Crítica e tradução*. São Paulo: Ática; Instituto Moreira Salles, 1999.

Se Cecília Meireles e sua geração exemplificam o senso comum e Adélia Prado mostra a violência desse feminino de forma dissimulada, Ana C., completamente ao contrário de Adélia, mostra que essa intimidade, muito menos sua violência, não se mostra, que sua descrição é impossível, que a identidade sexual é linguagem. Talvez por ter ficado frente a frente com essa evidência, Ana C. encena de forma recorrente personas e textos, interlocutores e sujeitos de fala.

Ana Cristina, quando jovem, ia ao Leme, sentava-se no banco de praia em frente ao edifício onde morava Clarice Lispector e ficava olhando para sua janela por horas a fio. As duas também tinham muito em comum. Eram depressivas, religiosas, começaram a escrever cedo, eram jornalistas, evidenciavam um certo mal-estar no seu lugar de mulher; ambas representam a mulher normal de suas gerações, ambas à beira do inusitado, da vertigem buscando uma linguagem que expresse alguma coisa que não conseguiam expressar.

Clarice morreu em Copacabana, em 1977, em decorrência de um câncer de ovário, um dia antes de completar 57 anos. Ana se suicidou em Copacabana, em 1983, aos 31 anos. Ambas se tornaram ícones da literatura escrita por mulheres e são referência decisiva para as novas gerações de escritoras e poetas.

as bar
to ch

AS BARRICADAS DO CINEMA NOVO

Nos anos 1960, a grande novidade e mesmo o *enfant gâté* da nossa cena cultural tinha nome: Cinema Novo.

Vale discorrer um pouco sobre esse fenômeno que, além do prestígio cult no quadro da cultura jovem da década, conquistou uma inédita visibilidade no exterior com a proposta da "Estética da Fome", a qual refletia a realidade dos países subdesenvolvidos.

Com sua estética revolucionária e radical, o Cinema Novo ganha lugar no panorama do cinema internacional ao lado da *Nouvelle Vague* e do neorrealismo italiano, dos quais não deixa de ser devedor. O Cinema Novo traz a ideia de um cinema de autor, dono de linguagens e problemáticas próprias com conotação fortemente política. A questão da linguagem vista como um lugar de exercício do poder torna-se tão importante quanto o conteúdo social que veicula. Como dizia Glauber Rocha: "Para nós, a câmera é um olho sobre o mundo, o travelling é um instrumento de conhecimento, a montagem não é demagogia, mas pontuação do nosso ambicioso discurso sobre a realidade humana e social do Brasil."[17] Enfim, o Cinema Novo forma

---

17 HOLLANDA, Heloisa Buarque de; GONÇALVES, Marcos Augusto. *Cultura e participação nos anos 60*. São Paulo: Brasiliense, 1982, p. 39.

estética e conceitualmente toda uma geração de artistas brasileiros, e com isso se tornou um dos pontos altos da era de ouro de nossa cultura, o período entre 1964 e 1969.

Sintomaticamente, não é possível encontrar nem ao menos UMA cineasta mulher integrando as hostes do prestigiado Cinema Novo. As mulheres que produziram cinema na época não eram poucas nem amadoras. Diretoras, roteiristas, fotógrafas e montadoras entravam no mercado dizendo a que vinham e lutando por espaço – sendo algumas amigas ou casadas com cineastas do Cinema Novo, movimento que, por sua vez, se colocou claramente à parte da chegada das mulheres no seu território.

Em fins dos anos 1980, realizei, com Ana Pessoa e Ana Rita Mendonça, uma pesquisa sobre mulheres no cinema, publicada em versão impressa na série intitulada *Quase Catálogo*. Os números foram uma surpresa: de 1930 a 1988, que correspondeu ao primeiro volume da coleção, encontramos 195 mulheres fazendo cinema, com um total de 479 filmes realizados nesse espaço de tempo.[18] Como a periodização aqui é vinculada à emergência da segunda onda dos movimentos feministas no país, vou destacar a produção cultural de mulheres apenas a partir dos anos 1960.

Se até o fim dos anos 1950 encontramos apenas oito filmes de longa-metragem dirigidos por mulheres,[19] surpreendentemente nesse período, quando se consagrava o Cinema Novo, só há uma mulher dirigindo longas-metragens entre nós: Zélia Costa, com o filme *As testemunhas não condenam* (1962).[20] As personagens femi-

---

18 Esses números estão no primeiro livro da série: HOLLANDA, Heloisa Buarque de (org.). *Quase catálogo 1: realizadoras de cinema no Brasil (1930/1988)*. Rio de Janeiro: CIEC, 1989.

19 *O mistério do dominó preto* (1930), de Cleo de Verberena; *Inconfidência Mineira* (1948), de Carmen Santos; *O ébrio* (1946), *Um pinguinho de gente* (1949) e *Coração materno* (1951), de Gilda Abreu; *Macumba na alta* (1958) e *Pão que o diabo amassou* (1958), de Maria Basaglia; *É um caso de polícia!* (1959), de Carla Civelli. De todas essas, apenas Cleo nasceu no Brasil.

20 PESSOA, Ana; MENDONÇA, Ana Rita. "Por trás das câmeras", in HOLLANDA, Heloisa Buarque de (org.), op. cit.

ninas davam, invariavelmente, a mostra de como o Cinema Novo via as mulheres naquele momento. Sobre a objetificação da mulher como personagem de filmes do Cinema Novo, já temos vários estudos e teses bem interessantes. No entanto, do ponto de vista da criação, foco deste livro, as aspirantes a cineastas contemporâneas do Cinema Novo mostram um forte consenso sobre o machismo do movimento. Helena Ignez, casada com Glauber Rocha e conhecida como musa do Cinema Novo, conta que participou da criação do movimento desde seus primeiríssimos encontros. Foi produtora e também financiou o primeiro filme de Glauber, *O pátio* (1959), e esteve em muitos outros filmes. Mas nunca sentiu ali um ambiente onde pudesse criar alguma coisa. Sempre foi tratada como um elemento secundário, segundo conta:

> **Eu já era atriz profissional, tinha feito o curso de teatro da Bahia, um dos mais importantes do Brasil, quando Joaquim Pedro [de Andrade] me convidou para trabalhar no filme *O padre e a moça* dizendo que eu estava sendo escolhida porque ele gostava muito da minha nuca. Quando em debates eu dizia que achava o Cinema Novo machista, diziam que eu estava mentindo. Mas não vemos mulheres trabalhando na criação e na direção porque não deixaram que aparecessem.[21]**

Apesar das potenciais mulheres cinemanovistas que nunca se realizaram, sempre existiu uma coautoria feminina evidente nas produções, fato que é negado até hoje. Helena Ignez é um exemplo cabal disso. Além de sua presença criativa no set, foi ela quem moldou a interpretação no projeto do Cinema Novo, como lembra Ana Maria Magalhães.[22]

---

21 Entrevista com Helena Ignez, realizada em março de 2019.

22 Entrevista com Ana Maria Magalhães, realizada em março de 2019.

Já Helena Solberg, cineasta pioneira, lembra que o Cinema Novo era conhecido como o Clube do Bolinha, onde só havia espaço aberto de criação para mulheres enquanto, atrizes,[23] como aconteceu com Norma Bengell, Odete Lara, Maria Gladys ou com a própria Helena Ignez.

Há, ainda, o caso de Gilda Bojunga, que faz parte da mesma geração que formava o Cinema Novo. Gilda era amiga de Mario Carneiro e Joaquim Pedro, com quem se encontrava, junto de outros amigos, para beber e "brincar de fazer filmes domésticos". Mas ela nunca conseguiu seguir para além das brincadeiras, apesar de frequentar, muitas vezes, os mesmos espaços de formação que eles.[24] A cineasta só faria o seu primeiro filme em 1971: o documentário *Mestre Valentim*, uma produção de David Neves com roteiro de Claudio Bojunga, sugerido e concebido por ela. Em 1976, filma uma série documental sobre Humberto Mauro que leva o nome do cineasta considerado o fundador do cinema brasileiro de autor, e *Academia Brasileira de Letras*, sobre a posse de Rachel de Queiroz na instituição, em 1977. Entretanto, apesar de colaborar com os cinemanovistas, nunca chegou a fazer parte "oficialmente" do movimento nem de seus filmes, que procuravam expandir os horizontes que se abriam naquele momento.

Esse feito vai ser realizado com o documentário que é "quase" considerado o único filme do Cinema Novo feito por uma mulher: *A entrevista* (1966), de Helena Solberg. Digo "quase" porque não me parece real essa inclusão. Trata-se, de fato, de uma produção contemporânea ao movimento, com fotografia de Mario Carneiro, seu mais reconhecido fotógrafo, e montado por Rogério Sganzerla, discípulo do grupo. Helena convivia e se articulava com os cineastas e

---

23 Entrevista com Helena Solberg, realizada em janeiro de 2019.

24 SCHVARZMAN, Sheila. "Gilda Bojunga: caminhos e percalços de uma afirmação", in HOLANDA, Karla; TEDESCO, Marina C. (orgs.). *Feminino e plural: mulheres no cinema brasileiro*. São Paulo: Papirus, 2017.

com o contexto de renovação que traziam, mas não me parece que tenha sido, real ou formalmente, incluída nessa cinematografia.

Filmado na segunda metade dos anos 1960, o documentário de dezenove minutos em preto e branco é hoje considerado nosso primeiro filme feminista. *A entrevista* fala sobre a mulher na virada dos anos 1950 para os anos 1960, aquela que Betty Friedan pesquisou em *A mística feminina* e que definiu como a portadora de um "mal sem nome". É exatamente esse mal sem nome que o filme de Helena registra de uma forma experimental e inaugural.

Ela começa a filmar em 1964, ano em que nasce seu segundo filho, Alex, e quando ela começa a se dar conta do peso de uma vida confinada ao lar. Percebe que talvez essa seja a experiência de sua geração e entra em cena, pessoalmente, para gravar em áudio os sonhos, sentimentos, opiniões e desejos de setenta mulheres amigas ou colegas entre dezenove e 27 anos de idade.

Os temas em pauta eram explosivos para aquele momento, que assistia de forma ainda bem-comportada à chegada da pílula anticoncepcional, dos movimentos libertários e da revolução de costumes que se formatava nos Estados Unidos e na Europa com repercussões no resto do mundo. Eram os temas da formação universitária, da atividade profissional, do casamento, da virgindade, da aspiração à maternidade. Foram muitas horas de pesquisa e de gravação. Helena, junto de duas amigas psicanalistas, Claire Pane e Ana Judith e da cineasta Tereza Trautman, analisa cuidadosamente cada entrevista, cujos fragmentos são articulados ou, digamos, tecidos em uma fala única: a fala de uma geração de mulheres em um momento sensível de mudança de paradigmas. A importância desses depoimentos é comprovada pelo fato de nenhuma das entrevistadas ter permitido ser identificada nos letreiros ou em qualquer outra parte do filme. A partir desse material, Helena filma a encenação do longo dia do casamento de uma jovem de classe média. É importante observar que, mesmo tendo homens atuando na área técnica, na fotografia e na montagem, a concepção do documentário é feita coletivamente por mulheres (e mais, mulheres de suas relações de amizade ou parentesco). Um universo essencialmente feminino e doméstico.

A entrevista é, então, composta de duas camadas ao mesmo tempo idênticas e diferentes. A imagem do ritual de uma noiva se preparando para a cerimônia de seu casamento, imersa em um ambiente sonoro denso de depoimentos contraditórios, íntimos, complexos, sobre exatamente os momentos que antecedem a então grande aspiração feminina: o casamento. Helena diz:

> *A entrevista* não é um documentário cultural, é um documentário de reflexão, de investigação. Eu precisava saber o que estavam dizendo aquelas mulheres. Era como se eu estivesse tomando o pulso de uma geração, de uma classe social, de um momento. Tanto que o filme termina com a Marcha por Deus, pela Propriedade e pela Família, em que as mulheres vão para a rua defender os interesses de classe delas, dos maridos delas. Esse final me gerou muita dor de cabeça, muitas discussões, mas esse era o contexto social e político que tínhamos naquele momento e senti ser importante mostrá-lo.[25]

Apesar de não se sentir declaradamente feminista, Helena, sem dúvida, nos abriu as portas do cinema feito sob a ótica feminina com um filme de uma riqueza extraordinária e um documento precioso do *ethos* feminino na emergência do movimento feminista entre nós.

Depois de *A entrevista*, e de ter realizado o filme de ficção *Meio-dia* (1970), inspirado em *Zero de conduta* (1933), de Jean Vigo, Helena Solberg vai para os Estados Unidos, onde funda a produtora

---

25 Entrevista com Helena Solberg, realizada em janeiro de 2019.

Women's Film Project. Por meio dela, produz filmes políticos, hoje históricos, como *Emerging Woman* (1974), que retrata a luta das mulheres nos Estados Unidos desde o fim do século XIX, até sua segunda onda, que tem início na década de 1960. O filme pioneiro sobre o feminismo teve um reconhecimento inédito nos Estados Unidos, chegando a ser exibido na Casa Branca e distribuído nas bibliotecas e escolas públicas estadunidenses.

Em 1975, fez *The Double Day*, um filme sobre a dupla jornada de trabalho de mulheres na Argentina, no México, na Bolívia e na Venezuela. O processo de produção desse média-metragem seguiu a proposta de trabalho do então recém-criado International Women's Film Project (IWFP): unir o trabalho técnico-artístico de mulheres do cinema e a pesquisa de acadêmicas dos estudos de gênero e de classe. Ao lado de pesquisadoras como June Nash e Helen Safa, e contando com o embasamento teórico do trabalho de Heleieth Saffioti, a equipe viajou durante três meses pela América Latina tendo em foco a situação da mulher na força de trabalho – como Saffioti diria, com a ideia de que a mulher reproduzia a força de trabalho duplamente: com o corpo e com o próprio trabalho.[26]

Com o extenso material produzido durante as viagens para a realização de *The Double Day*, Helena faz o *Simplesmente Jenny* (1978), com relatos de prostituição forçada e desejos de ascensão social de três meninas bolivianas presas em um reformatório para adolescentes. Nos anos 1980, Helena dirigiu filmes como *From the Ashes: Nicaragua Today* (1982), sobre o Movimento Nacional de Libertação da Nicarágua e a Revolução Sandinista; *The Brazilian Connection* (1982), sobre as primeiras eleições brasileiras após a ditadura; *Chile: By Reason or By Force* (1983), que registra as manifestações contra a ditadura de Pinochet; e *Portrait of a Terrorist* (1986), retrato de Fernando Gabeira,

---

26 Ver: SAFFIOTI, Heleieth I. B. *A mulher na sociedade de classe: mito e realidade*. São Paulo: Editora Vozes, 1976.

que participou do sequestro de um embaixador estadunidense no Brasil em 1969. Em 1995, dirigiu *Carmen Miranda: Bananas is my Business*, um docudrama sobre, evidentemente, Carmen Miranda.

> **A Carmen tinha tudo o que eu queria. Era uma figura central feminina, encarnava as relações Brasil-EUA, o problema da tradução (de você se traduzir), o perigo de você se tornar um fantoche. Eu acho que é um fecho de ouro para o caminho *Emerging Woman, Double Day*; Nicarágua, Brasil, Chile. Nela e nesse filme se juntava minha necessidade não só de entender politicamente esses países, mas também de entender a mulher.[27]**

Por ocasião do Ano Internacional da Mulher, um grupo de mulheres cineastas como Lucila Avelar, Rose Lacreta, Lygia Pape, Susana Moraes, Mariza Leão, Tereza Trautman e Isadora Costa organiza, de 29 de agosto a 5 de setembro de 1975, a Semana da Mulher no Cinema Brasileiro, na Cinemateca do MAM Rio. Com exibições e debates de curtas e longas-metragens de cineastas brasileiras, durante a semana também foi produzida uma grande exposição de fotos homenageando Carmen Santos, produtora e atriz, Gilda de Abreu, atriz, escritora e diretora, e Lia Torá, atriz. Os debates tinham como pauta a questão da presença e da condição da mulher na produção cinematográfica do Brasil, como produtora, diretora, atriz, roteirista ou assumindo funções técnicas.[28] Eventos como esse são um prelúdio das mostras e debates que se multiplicariam nos anos 1980, organizados por grupos e coletivos como o Coletivo de Mulheres de Cinema e Vídeo.

Apesar de não muito visível, a presença das mulheres no cinema vai avançando de forma constante e audaciosa. De acordo com

---

27 Entrevista com Helena Solberg, realizada em janeiro de 2019.

28 "A mulher no cinema brasileiro", *Jornal do Brasil*, Caderno B – Panorama, Rio de Janeiro, 27 ago. 1975, p. 8.

o *Catálogo de documentários brasileiros*, citado por Karla Holanda,[29] as mulheres dirigiram e codirigiram onze documentários nos anos 1960, todos curtas-metragens. Na década seguinte, esse total passou para o expressivo número de 183 documentários de diversas durações e já com temáticas voltadas diretamente para as questões do feminismo daquele momento.

Na categoria longas de ficção, são doze os filmes dirigidos por mulheres nos anos 1970. As diretoras: Vanja Orico (*O segredo da rosa*, 1973), Lenita Perroy (*Mestiça*, 1973; *Noiva da noite*, 1974), Tereza Trautman (*Os homens que eu tive*, 1973), Rose Lacreta (*Encarnação*, 1974), Vera Figueiredo (*Feminino plural*, 1976; *Samba da criação do mundo*, 1978), Maria do Rosário (*Marcados para viver*, 1976), Luna Alkalay (*Cristais de sangue*, 1974-75), Ana Carolina Teixeira Soares (*Mar de rosas*, 1977) e Rosângela Maldonado (*A mulher que põe a pomba no ar*, 1977; *A deusa de mármore, escrava do diabo*, 1978).[30]

Nesse quadro, Vera Figueiredo é emblemática. O filme *Feminino plural*, lançado em 1976, é considerado o primeiro longa feminista da América Latina. Vera foi uma das poucas produtoras culturais que se reconheciam como feministas e se articulavam com o movimento. Seu ativismo, além dos filmes, era feito por meio de palestras e participações em seminários e passeatas. A cineasta conta de uma mesa da qual participou ao lado de Carmen da Silva e Norma Bengell, com uma plateia cheíssima, em que elas reforçavam o potencial do feminismo convocando as mulheres a se candidatarem à Câmara e ao Senado.[31]

Vera é arquiteta e sua primeira participação no cinema foi como assistente cenográfica e figurinista do filme *Garota de Ipanema* (1967), de Leon Hirszman. Passou a fazer filmes em super-8,

---

29 HOLANDA, Karla. "Cinema brasileiro (moderno) de autoria feminina", in HOLANDA, Karla; TEDESCO, Marina C. (orgs.), op. cit.

30 Ibid.

31 Entrevista com Vera Figueiredo, realizada em abril de 2019.

instalações com projeções, e finalmente assumiu a aventura de fazer um longa de ficção experimental em 1976: o *Feminino plural*, um projeto de "desvendar o que é ser mulher", segundo a cineasta.[32] O filme começa com um close fora de foco de uma vagina parindo e corta para sete mulheres se reunindo de moto na Via Dutra, estrada que liga Rio de Janeiro e São Paulo, mais especificamente na Baixada Fluminense, microcosmo do Brasil. Mergulhando na memória e questionando o comportamento imposto às mulheres, elas procuram resgatar sua força e liberdade de forma onírica e indefinida, sublinhada pela locução de Rose Marie Muraro, que diz em off "obedeça submissa, meiga e dócil", ou "seguindo seu caminho no mundo, sem sonhar, sem ousar, sem criar" e muitas outras sentenças implacáveis que acompanham a vida e a formação de uma mulher. As personagens femininas, após a sequência inicial do parto, movem-se e expressam-se em torno da valorização do encontro, do afeto, da cumplicidade. *Feminino plural* foi mal de público. Entrou em cartaz no Cinema Um (na época um cinema cult do Rio de Janeiro) às quintas-feiras, nas sessões à meia-noite. Mesmo assim, saiu rapidamente de cartaz. Entretanto, em função de seu caráter experimental, foi convidado a participar do Festival de Cannes, em 1977, na mostra de filmes de vanguarda, onde teve excelente repercussão e foi considerado o primeiro filme feminista da América Latina.

Em seguida, Vera filma *Samba da criação do mundo* (1978), também experimental, trabalhando com mitos de criação do mundo e interpelando nossa colonização patriarcal judaico-cristã. O filme gira em torno do mito nagô que mostra a força feminina de Oduduwa como representante da criação do mundo. *Samba da criação* entrou em cartaz em cinquenta cinemas e foi um sucesso de bilheteria, distribuído por vários países e ganhou o prêmio de melhor filme no Festival de Veneza em 1984.

---

32 Ibid.

Os filmes de Vera Figueiredo, apesar de falarem sobre a força das mulheres e de trazerem uma linguagem inovadora, geraram intensas polêmicas entre as feministas em função da identificação mulher-natureza, perspectiva rejeitada pelo movimento, que priorizava as questões políticas e sociais sobre a condição das mulheres. Vera, por sua vez, respondia atribuindo a polêmica sobre seus filmes a uma espécie de aprisionamento que as ideias feministas impunham às mulheres artistas. Vera foi um caso raro entre as nossas cineastas por travar uma interlocução direta com o ativismo daquele momento. No geral, as cineastas produziam e divulgavam seus filmes à margem do movimento.

Outra cineasta independente, ainda mais claramente articulada com o ativismo feminista, é Eunice Gutman. Como muitas outras militantes, Eunice se descobriu feminista fora do Brasil. É interessante ouvi-la:

> Me tornei feminista depois de voltar do exterior. Mas o feminismo já estava em mim desde que me disseram que eu tinha que fazer o curso normal porque era uma profissão de mulher. Foi quando percebi que a designação "normal" para o curso de educação era reveladora. Também vi que meu sonho não era casar, ter filhos, fazer o que esperavam de mim. O interessante dessa época é que você queria fazer o diferente, porque o diferente significava um mundo melhor, e essa era a missão que tínhamos naquele tempo. Um pensamento típico de 1968. Eu estava na Bélgica, sob influência francesa, e era um tempo fantástico, utópico, libertário. Foi quando as teses feministas apareceram. Voltei em 1971 e fui trabalhar com cinema e com o movimento de mulheres.[33]

---

33 Entrevista com Eunice Gutman, realizada em dezembro de 2018.

Na volta ao Brasil, trabalhou como montadora e começou sua carreira como cineasta. Nos finais de semana em que não estava trabalhando em filmes e comerciais, Eunice gravou seus primeiros documentários curtas-metragens.

O primeiro foi *E o mundo era muito maior que a minha casa* (1976), sobre a alfabetização de adultos na zona rural do Rio de Janeiro. Em seguida fez três outros filmes com a codireção de Regina Veiga: *Com choro e tudo na Penha* (1978), *Anna Letycia* (1979) e *Só no Carnaval* (1982), este último sobre homens que se vestiam de mulher na época do Carnaval.

Eunice, desde sua volta ao Brasil, já participava de encontros e grupos de reflexão feministas. Mas foi a partir dos anos 1980 que a temática da mulher e do feminismo tomou conta do seu trabalho.

Minha ligação com o feminismo naquela época era muito interessante, porque eu fui daquele grupinho primeiro, as chamadas dinossauras. As dinossauras: Branca Moreira Alves, Jacqueline Pitanguy, Leila Linhares, Heloneida Studart. Naquela época, o feminismo não era uma coisa subversiva, era uma novidade. A gente batalhou para fundar o Conselho Nacional dos Direitos da Mulher. Eu tenho isso filmado, *Mulheres: uma outra história*.[34]

Em 1983, fez o filme *Vida de mãe é assim mesmo?*, sobre a relação da mulher com a maternidade compulsória e o aborto. No filme, há entrevistas com vários tipos de mulheres. Uma mãe solteira operária, estuprada na adolescência, uma socióloga com dois filhos, uma empregada doméstica de 52 anos que teve seis filhos e fez onze abortos, além de entrevistas com uma médica especializada em tratamentos de infertilidade e com a advogada feminista Romy Medeiros, tratando de questões legais referentes ao aborto. A proposta do

34 Ibid.

filme surgiu durante os encontros do movimento feminista, e seu objetivo era servir como instrumento de campanha pela legalização do aborto no país.[35]

Em 1985, fez *A Rocinha tem histórias*, sobre a infância na favela e a criação de escolas comunitárias por moradores do local. Com esse filme, participou da Conferência Internacional da Década da Mulher, nesse mesmo ano, em Nairóbi, e ganhou os prêmios de Melhor Direção nos festivais do Rio (1985), de Brasília (1985) e Gramado (1987). Entre 1985 e 1987, Eunice foi presidente da Associação Brasileira de Documentaristas (ABD/RJ).

Em seguida, filmou *Duas vezes mulher* (1986), sobre mulheres que migraram do campo para a cidade do Rio, e *Mulheres: uma outra história* (1988), sobre a participação do movimento feminista na Constituinte de 1987 e em outras áreas do poder público. Esse último, um média-metragem, com direito à imagem de Carmen da Silva vestida de Estátua da Liberdade, mostrou a fundação do Conselho Nacional dos Direitos da Mulher, a luta pela Constituinte na década de 1980 e as artistas mulheres na campanha pelas Diretas Já.

Na década de 1990, Eunice filma *Benedita da Silva* (1991), sobre Benedita, primeira mulher negra eleita deputada federal no Brasil; *Amores de rua* (1994), sobre a prostituição no Rio de Janeiro; *Feminino sagrado* (1995), uma análise do papel da mulher em diferentes tradições religiosas; *Segredos de amor* (1999), sobre a relação amorosa de duas mulheres e a lesbianidade no Brasil. Depois: *Palavra de mulher* (2000), que documenta a participação de brasileiras na IV Conferência Mundial da Mulher, realizada em Pequim; *O outro lado do amor* (2003), um panorama da aids no Brasil da década de 1990; a série *Memória viva* (2005-2007) para o Conselho Estadual de Direitos da Mulher, com documentários-depoimentos

---

35 "Histórico nada sistemático da campanha pela legalização do aborto no Rio de Janeiro", *Mulherio*, Rio de Janeiro, set.-out. 1983, p. 4.

sobre nove feministas, como Rose Marie Muraro, Clara Steinberg, Branca Moreira Alves, Ruth de Souza e Nélida Piñon; e *Nos caminhos do lixo (as catadoras de Jacutinga)* (2009), sobre a criação de uma cooperativa de reciclagem formada por mulheres no bairro de Jacutinga, Nova Iguaçu, no Rio de Janeiro.[36]

Eunice Gutman tem uma extensa filmografia e é o único exemplo, na área do cinema dessa época, de articulação direta com o movimento feminista, produzindo registros hoje raríssimos da história do feminismo brasileiro em seus momentos de formação.

Podemos considerar Helena Solberg, Vera Figueiredo e Eunice Gutman nossas primeiras cineastas a se destacar no quadro do feminismo e da discussão diretamente a ele ligada. O impacto do movimento aparece também em uma articulação que vai além do trabalho de produção diretamente. Um bom exemplo disso são as mostras de filmes de mulheres e o surgimento de coletivos como o Coletivo de Mulheres de Cinema e Vídeo do Rio de Janeiro, criado na década de 1980.

Em 1985, no momento em que o Ministério da Cultura é criado no Brasil, um grupo de cineastas escreve um manifesto como forma de iniciar "um *lobby* (…) para projetar melhor a imagem da mulher brasileira no ramo [do cinema]".[37] Assinaram: Rose Lacreta, Vera Figueiredo, Susana Moraes, Tizuka Yamasaki, Maria do Rosário, Tereza Trautman, Ana Carolina, Eunice Gutman, Suzana Sereno, Ana Maria Magalhães, Regina Machado, Leilany Fernandes e Tetê Moraes. Vera Figueiredo comenta sobre o manifesto:

> **As gestões sucessivas da Embrafilme não absorvem os projetos de cinema de mulher e o número de filmes realizados não cor-**

---

36 As informações sobre as produções e premiações de Eunice estão em seu site: https://eunicegutman.wordpress.com/2012/07/25/filmografia/. Acesso em: 15 de mar. 2022.

37 CATTONI, Bruno. "As cineastas em luta contra a discriminação", *O Globo*, Segundo Caderno, Rio de Janeiro, 29 maio 1985, p. 1.

responde à variedade e à pluralidade das propostas encaminhadas (...) Reivindicamos primeiramente a produção de filmes de mulheres de longa e de curta-metragem para cinema e televisão. Queremos garantir a presença do cinema da mulher no mercado tradicional e no mercado alternativo, para o que pedimos a distribuição em cinema e TV dos filmes já realizados e por realizar. Pedimos também a exibição dos filmes nos espaços já existentes e a perspectiva de criação de espaços novos. Outra reivindicação: o treinamento da mão de obra feminina em vários setores da técnica cinematográfica. Queremos mais publicações de análise, pesquisa e inventário do cinema da mulher e, finalmente, a garantia da presença do cinema da mulher brasileira na comunidade cinematográfica por meio da realização de festivais, mostras, eventos nacionais e internacionais.[38]

O cinema de mulheres da época foi intenso e mostrou sua potência, revelando com clareza o impacto do movimento feminista sobre suas produções. Um exemplo disso são as mostras com foco na mulher, dentro (ou não) dos grandes festivais de cinema do país, que se tornaram importantes e deram maior visibilidade à produção das nossas cineastas. Já na primeira edição do Rio Cine Festival, em agosto de 1985, Carla Esmeralda e Lais Dourado organizaram a Mostra de Mulheres de Cinema e Vídeo, com filmes 16 mm realizados, produzidos, montados ou sonorizados por mulheres.[39]

Em novembro de 1985, o Coletivo de Mulheres de Cinema e Vídeo do Rio de Janeiro, agora já oficialmente constituído, organizou, no 2º Fest Rio, a mostra Olhar Feminino, que passou a fazer parte da programação oficial do festival.[40] Em 1986, o coletivo realizou o

---

38 Ibid.

39 GROPILLO, Ciléa. "Mostra de Mulheres de Cinema e Vídeo. Uma Presença Bem-Marcada", *Jornal do Brasil*, Caderno B, Rio de Janeiro, 5 ago. 1985, p. 6.

40 "Cineastas em ação", *Mulherio*, Cinema e TV, Rio de Janeiro, dez. 1987, p. 8.

Seminário Cinema e Mulher no 14º Festival de Gramado, cujo tema foi as políticas culturais e a discriminação das profissionais do cinema, a imagem da mulher no cinema e na televisão e o treinamento técnico.[41] No mesmo ano, dessa vez em Brasília, tivemos a mostra Mulheres de Cinema – Mostra de Curtas e Médias de Cineastas Brasileiras. Foram três dias com exibição de filmes e debates.[42] Em 1987, foi a vez da mostra Mulheres no Cinema, como parte da programação do 2º Festival de Cinema de Fortaleza,[43] e a mostra Ela na Tela, no 3º Rio Cine Festival.[44]

Voltando a falar das realizadoras, as muitas produções cinematográficas das mulheres revelavam, praticamente em 100% dos casos, um reflexo das pautas feministas em suas obras. São muitas as cineastas que surgem nesse período: Ana Maria Magalhães (*Mulheres de cinema*, 1976, e *O bebê*, 1987); Dilma Lóes (*Só o amor não basta*, 1978); Eliane Bandeira (*Vida de doméstica*, 1976, *É menino ou menina?*, 1978, e *Balzaquianas*, 1981); Fernanda Freitas (*No feminino*, 1978); Helena Lustosa (*Gineceu*, 1986); Hilda Machado (*Como era gostoso meu burguês*, 1973); Leilany Fernandes (*Tempo quente*, 1980); Maria Inês Villares (*Como um olhar sem rosto: as presidiárias*, 1983, e *Meninas de um outro tempo*, 1987); Maria Luiza Aboim (*Creche-lar*, 1978); Mariza Leão (*Insolência*, 1974, e *Leila para sempre Diniz*, 1975); Marlene França (*Mulheres da terra*, 1985); Olga Futemma (*Trabalhadoras metalúrgicas*, 1978, e *Retratos de Hideko*, 1981); Sandra Werneck (*Ritos de passagem* e *Damas da noite*, 1979, e *Pena*

---

41 "Mulheres procuram o seu espaço no cinema e na TV". *Jornal de Caxias*, Caxias do Sul, 14 abr. 1986, p. 13.

42 "Cineastas debatem em Brasília a produção feminina no cinema". *Correio Braziliense*, Brasília, 29 maio 1986, p. 23.

43 BAZI, Sérgio. "Festival de Fortaleza elimina a competição". *Correio Braziliense*, Brasília, 30 jul. 1987, p. 26.

44 RESTON, Dayse. "III Rio-Cine Festival. Em busca do sol de ouro". *Tribuna da Imprensa*, Tribuna Bis, Rio de Janeiro, 8 ago. 1987, p. 1.

prisão, 1983); Tetê Moraes (*Terra para Rose*, 1987); Tizuka Yamasaki (*Gaijin*, 1980, e *Parahyba Mulher Macho*, 1983); Norma Bengell (*Maria Gladys, uma atriz brasileira*, 1979, *Maria da Penha*, 1980, *O barco de Iansã*, 1980, *Eternamente Pagu*, 1988).

Mesmo que todas, de alguma forma, mostrem em seus trabalhos sinais de novos tempos para as mulheres, as que parecem mais impactadas pelas pautas feministas são Ana Carolina Teixeira Soares, Tereza Trautman, Maria do Rosário Nascimento e Silva, Ana Maria Magalhães, Tizuka Yamasaki e Norma Bengell. São cineastas com trabalhos importantíssimos nesse momento em que se firmava a primeira geração de mulheres que faziam cinema profissionalmente.

QUANDO O HISTÉRICO FICA HISTÓRICO

Ana Carolina Teixeira Soares é uma figura ímpar. Estudou ciências sociais, medicina e psicologia, se especializou em fisioterapia para crianças com paralisia cerebral e chegou a abrir um consultório. Nessa época, já sofria uma atração especial pelo funcionamento da mente humana, o que a aproximou da neurologia em um primeiro momento, depois da psicanálise e, finalmente, do cinema.

No começo de 1967, entrou para a Escola de Cinema São Luís e descobriu-se cineasta. Sua relação com o cinema é de uma intensidade quase insuportável. Ana Carolina é uma pessoa arisca, não diria tímida, mas pouco expansiva; quando não está fazendo cinema, se isola do mundo com seus cachorros e não fala com ninguém. No cinema, ao contrário, explode em busca de linguagens contraditórias, barrocas, excessivas, mordazes. Sendo de origem espanhola, eu só não diria que é o nosso Almodóvar por causa da sua educação alemã rígida, que a leva a conter um pouco alguns arroubos nos quesitos sexualidade e emoção em seus filmes. Logo seu trabalho foi reconhecido nacional e internacionalmente, com prêmios, participações em importantes festivais, aclamado pela crítica e por todas essas variáveis que constroem uma reputação.

Seu primeiro trabalho em cinema foi como continuista de Walter Hugo Khouri. Em 1967, casou-se com o cineasta Paulo Rufino, com quem codirigiu *Lavrador* (1968), filme baseado no poema homônico de Mário Chamie, criador do movimento Práxis, que trazia para as vanguardas da época o trabalho experimental com forte conteúdo social.

Em seguida, ainda em parceria com Paulo Rufino, assumiu sozinha a direção de *Indústria* (1969), igualmente adaptado de um trabalho de Chamie. Ao comentar o lançamento do filme, Ana Carolina diz uma frase mais significativa do que parece: "Neste momento cheguei à conclusão de que queria fazer cinema, depois percebi, dolorosamente, que não tinha como não fazer."[45] Ambos os filmes são desafiadores para o momento político em que foram lançados. *Lavrador* fala do sindicalismo rural e *Indústria* é uma análise "tropicalista" sobre o pensamento dos operários ainda não sindicalizados, ou, de forma mais ampla, sobre o desenvolvimento industrial no Brasil entre os governos Juscelino Kubitschek e Costa e Silva. Em um momento de grande endurecimento da censura, Ana Carolina e Paulo foram presos, em fevereiro de 1970, pelo teor "comunista" dos dois filmes. Mesmo assim, *Indústria* ganhou o concurso da Secretaria de Cultura do Estado de São Paulo.[46] Os próximos filmes seriam *Guerra do Paraguai* (1969), *Monteiro Lobato* (1970) e *Pantanal* (1971), uma filmagem de caçadas de onça. Conta Ana Carolina:

> **O ministro das Relações Exteriores soube do filme e o leu como se fosse uma denúncia das atividades predatórias de animais sil-**

---

45 Entrevista com Ana Carolina Teixeira Soares, realizada em março de 2020.

46 Ibid.

vestres, que estavam começando no Pantanal, me fez assinar um documento dizendo que eu nunca mais faria filme de denúncia e apreendeu o filme.[47]

Em 1972, dirigiu os curtas *Três desenhos* e *A fiandeira*. Em maio de 1974, Ana Carolina mudou-se para o Rio de Janeiro, naquela época a capital do cinema, em função da explosão do Cinema Novo. No Rio, começou sua produção de perfil mais profissional, como em *Getúlio Vargas* (1974), seu primeiro longa, e sua trilogia, hoje histórica, sobre a vida das mulheres em diferentes etapas da vida diante do poder masculino.

Getúlio Vargas foi um filme efeméride. Em 1974, fazia vinte anos do suicídio do ex-presidente, e vários eventos e homenagens foram programados. Era de se esperar que um filme de Ana Carolina desse conta dessa tarefa. Mas não foi bem assim. *Getúlio* foi feito com vasto material de arquivo depositado na Cinemateca de São Paulo, especialmente os curtas do Departamento de Imprensa e Propaganda (DIP). Do ponto de vista material, a realização do filme foi uma valiosíssima aventura, que incluiu a recuperação de negativos históricos, filmados em nitrato de prata. Manusear negativos desse tipo, que, além de frágeis, eram tóxicos, e conseguir sua recuperação com quase total ausência de recursos foi um feito, digamos, heroico. O filme ficou pronto, pontualmente, para o dia 24 de agosto de 1974, homenageando a herança política e histórica do presidente. Mas alguma coisa destoava nessa homenagem prevista. O filme começa com imagens da cerimônia de posse de Café Filho assumindo a presidência depois da morte de Getúlio. Uma voz possante e empostada, em *off*, lê a carta-testamento, o que dá um tom grave à crise de agosto de 1954. É nada mais, nada menos do que a voz de Paulo César Pereio, um dos melhores locutores do país, que traz uma

---

47 Ibid.

intensidade grave ao que narra – à guisa de um pai zangado. Daí para a frente temos uma sequência disfarçadamente desordenada de imagens dos feitos de Getúlio, no período entre 1937 e 1945, mostrado pelo olhar dos cinejornais oficiais do Estado Novo. Os principais acontecimentos históricos do período, como a Revolução de 1930, a Revolução de 1932, a Constituição de 1934, a Intentona Comunista etc. vêm acelerados na tela, onde tudo conspira para a exaltação da imagem do Pai do Povo, do chefe poderoso, o competente condutor da história brasileira ou o líder que colocou o Brasil nos trilhos. A imagem de Getúlio à frente de um trem que entra em movimento, desfraldando a bandeira brasileira e cercado por aglomerações populares, ou um grupo de jovens com bandeiras envolvendo Getúlio Vargas a cavalo são dois dos excelentes cenários dessa história. A música é um caso à parte. Criada por Jards Macalé, acompanha as cenas principais com quadrinhas como essas: "Governou esse país/ com saber de Salomão/ Foi quando viu o Brasil/ Maior civilização/ Ato de patriotismo, respeito e religião."

A questão é que o descompasso entre o som e a imagem se faz notar. Além do som de Macalé, marchinhas eleitorais, aplausos, ruídos diversos e som de bandas populares, bumbo, ladainhas, vindos das mais diversas fontes, vão ganhando progressiva independência da imagem e ressoando cada vez mais alto a onipotente imagem de nosso líder. O povo volta com a inserção de uma sequência de *Rio, Zona Norte* (1957), com Grande Otelo cantando "O samba não morreu" na porta de um trem em movimento. O filme termina longe do suicídio de Getúlio. Vê-se o presidente descendo de um trem – ou da história, antes dos créditos finais. Está construída a imagem de Getúlio Vargas, o Pai do Povo, em um filme que parece ter sido feito sem grandes ideias prévias. Um filme que vai tomando forma para, aos poucos, se situar diante desse símbolo masculino, o líder, o pai.

Getúlio Vargas passa longe do filme chapa-branca que poderia ou deveria ser. Resultado de uma pesquisa complexa, a partir de uma narração poderosamente emocionada, o filme provoca vários afetos. A suposta objetividade do documentário se retrai diante do fascínio da cineasta pelas imagens do poder. Chegamos à chave do cinema de Ana Carolina, ao menos dos filmes realizados no período que estamos examinando, as décadas de 1970 e 1980 no Brasil. Falando de suas produções, a cineasta diz que não tem uma "preocupação feminina". Ela quer descobrir como funciona a "potência masculina". *Getúlio Vargas*, por exemplo, é um filme desorganizado. "É a mesma desorganização com que as mulheres enfrentam o poder masculino, a mesma inabilidade."[48]

Eu não hesitaria em propor a visita a toda a primeira fase da filmografia de Ana Carolina nessa chave de mostrar de forma quase barroca a mulher diante do poder e do olhar masculino. Assumir uma posição como essa diante das questões da mulher, no momento em que os vários setores da cultura promoviam prioritariamente a apologia da mulher livre, ou a denúncia da situação da mulher na modernidade, não é pouca coisa e firma Ana Carolina como a mais autoral das nossas cineastas daquele período. O caminho estava aberto para sua trilogia, que marcou decisivamente o cinema da época.

Em 1977, lançou *Mar de rosas*, que conta uma viagem entre Rio de Janeiro e São Paulo que toma rumos inesperados e dá início a um dia "esquisito", como o definem algumas personagens.

O *Mar de rosas* chegou a me assustar, mas deu certo. Eu não tinha dimensão das críticas positivas que iam vir, dos prêmios, dos festivais. Ele me abriu as portas. E engraçado que eu comecei a escrever o *Mar de rosas* pensando numa cliente que eu tinha, quando era fisioterapeuta, chamada Betinha. Enquanto escrevia,

---

48 BERNARDET, Jean-Claude. "Cinema de homem para homem", *Movimento*, São Paulo, 21 jul. 1975, p. 23.

eu conversava longamente com a Isabel Câmara e a Heleninha, irmã do Lúcio Cardoso. Eu me encontrava com elas, ficávamos conversando sobre o filme que eu queria fazer, até que a Isabel disse: "Você não sacou que é você que está aí? A Betinha é você." E era mesmo.[49]

No filme, temos um casal em crise que procura, na viagem, uma salvação para seu casamento em falência. Trata-se de Sergio (Hugo Carvana) e Felicidade, nome sintomático para a atriz Norma Bengell. Norma, por sua vez, conta que aceitou o papel como uma forma de ativismo feminista depois de sua volta da Itália. Realmente, Norma tem uma performance surpreendente como Felicidade, a esposa que quer consertar seu casamento, mas que, ao mesmo tempo, dá todas as pistas de seus sentimentos e frustrações exacerbadas. Junto com o casal em crise, no carro, está a filha adolescente Betinha (Cristina Pereira). Ela acompanha, alheia a tudo, as brigas incessantes do casal, que termina no assassinato do pai. Após o crime, Felicidade foge com Betinha, se acidenta e é acolhida pela dupla Niobi e Dirceu (Myrian Muniz e Ary Fontoura), cujos diálogos são aparentemente sem sentido, mas que funcionam logisticamente para completar o desenho quase surrealista do cotidiano dos personagens "absolutamente normais".

Vou trazer, pelo menos nesse primeiro filme da trilogia, fragmentos de uma cena de Betinha e Niobi que comprova a lente sobre o cotidiano que o filme usa de forma quase abusiva. Em uma das paradas da fuga, Betinha tenta soterrar a mãe com um caminhão de terra estacionado perto da cena. Ela tranca a mãe em uma sala e manobra o caminhão apontando a caçamba para a sala onde está Felicidade. O casal arromba a sala, Niobi sobe no monte de terra e fala o seguinte: "Como é difícil subir nesse monte de terra, afinal

---

49   Entrevista nossa com Ana Carolina Teixeira Soares, realizada em março de 2020.

ninguém é obrigado a viver. Eu já sei, aqui a crença é redentora; o histérico fica histórico e o histórico fica histérico." E canta a plenos pulmões: "O senhor faz em mim maravilhas...", um hino evangélico. Essa cena dá a dimensão da retórica confusa e mutável com que são narrados os vários confrontos de poder que o filme constrói. Sergio, o marido, é o alvo da trama. Felicidade e Betinha, mãe e filha, desmentem qualquer ideia de maternidade idílica.

A estética do trabalho de Ana Carolina muda em *Mar de rosas*, talvez por causa da abertura imaginativa posibilitada pela ficção. Todo o filme é permeado pela simbologia da família desestruturada e pela crítica da estrutura familiar e do Estado ditatorial daquela época. Entretanto, o que é mais interessante no filme é que, em meio à histeria, ações extremas, gritos, desabafos e desastres, todos trazendo questionamentos profundos, nada parece afetar os personagens paralelos e a vida ordinária que levam. Para os personagens centrais, a regra é a mesma. A travessura de Betinha, ao colocar a gilete no sabonete, que corta os punhos de Dirceu, passa batida sem grandes consequências.

Ou seja, *Mar de rosas* pode ser visto como o aprofundamento da busca obstinada de Ana Carolina pelo entendimento da formação das dinâmicas do poder, nesse caso a estrutura da vida familiar. Mais uma vez, seu alvo não é a mulher, mas a impossibilidade de abalar essa estrutura, assim como a impossibilidade de ser ouvida, como repete Felicidade. Aliás, é de Felicidade, cujo nome é cinicamente óbvio, a primeira cena de masturbação feminina no cinema brasileiro. O que não é pouco, mas que passa incólume no filme, como todas as outras provocações contidas nele.

Em 1978, Ana Carolina começa a escrever o segundo longa da sua "trilogia da condição feminina": *Das tripas coração* (1982). O terceiro filme, *Sonho de valsa*, começou a ser produzido em 1986 e foi lançado em 1988.

O *Das tripas* são as meninas no colégio, a maluquice da adolescência e a descoberta do sexo. É o ginásio clássico, e a saída do colégio para a universidade. É ligadérrimo, histérico, demolidor. O Ney Latorraca fazia um padre nesse colégio. Ele fazia xixi nas estátuas do colégio, todo mundo grita demais, as professoras namoram. Já o *Sonho de valsa* é sobre uma mulher se buscando e buscando o amor; ela busca a solução amorosa, definitiva. E essa solução não rola também. O filme acaba com o espelho quebrado. Ela estava no fundo do poço, quebra o espelho, sobe do poço e vai embora.[50]

Lançado em 1982, a trama de *Das tripas coração* se desenvolve nos cinco minutos em que um interventor adormece enquanto aguarda uma reunião decisiva sobre o fechamento de uma escola com as diretoras. O filme, portanto, é apenas sobre o sonho (ou imaginação) de um homem durante um pequeno cochilo. Ou melhor, sobre as fantasias que projeta sobre aquele ambiente fechado e habitado por adolescentes, mulheres maduras e freiras. No sonho nada está no seu lugar. Não existe ordem nem hierarquia. Tudo é sexualizado. O ambiente é ameaçador. As mulheres são histéricas, reprimidas, obsessivas, com fantasias eróticas e assassinas. As meninas agitadas, rebeldes e maliciosas só pensam em sexo. A repressão é tão pesada quanto ineficaz. Dessa vez, Ana Carolina adotou uma estratégia narrativa mais audaciosa. O que temos no filme é uma mulher olhando mulheres pelo ponto de vista masculino. Procurando agora desvendar o inconsciente masculino em situação de poder. E o que ela vê do ponto de vista dele é a desordem, o sexo hiperdimensionado, a rivalidade mortal, a astúcia e o cinismo radical. A tradução do pânico inerente ao poder. Comentando o filme, Ana Carolina ressalta que não está falando "de mulher, mas sim da impossibilidade de se falar de homem, ou com o homem". Seriam "registros de vivências que

---

50 Entrevista com Ana Carolina Teixeira Soares, realizada em março de 2020.

ficaram impregnadas em mim", as impressões do que um homem pensa sobre as mulheres: "um ser frágil, um pouco histérico e com total falta de capacidade de resolver problemas."[51] Esse filme, na perspectiva de uma análise feminista, é um banquete.

Se *Mar de rosas* teve como centro uma adolescente, *Das tripas coração* examina outra geração. Renata e Miriam (Dina Sfat e Xuxa Lopes) são mulheres entre trinta e quarenta anos. Mulheres maduras, solteiras, transgredindo os espaços que lhe são permitidos. Mas não o fazem racional ou politicamente; o fazem a partir da imaginação de um homem, que se vê objeto de desejo das duas. Essa é a operação inovadora de *Das tripas coração*, para mim o filme mais radical da trilogia.

O terceiro filme, *Sonho de valsa*, nos apresenta Teresa (Xuxa Lopes), uma bela mulher de quarenta anos relacionando-se com o universo masculino em busca do amor ideal na forma de um príncipe encantado. São três homens em pauta. O primeiro, interpretado por Ney Matogrosso, é seu irmão e primeiro amor – no caso, incestuoso. A cena do primeiro beijo do casal é antológica. O segundo é um galã, com promessas de amor eterno e que também não dá certo. O terceiro (dos três, o mais próximo de ser um marido viável) não entende nada do que ela fala e se envolve com todas a mulheres que aparecem. Também não dá certo. Curiosa, perguntei para a cineasta: por que nenhuma relação amorosa dá certo em seus filmes? A resposta que recebi foi genialmente curta: "Porque não dá certo." Não discuti.

É nesse ponto que começa o delírio com visões sequenciais de "imagens literais". Chamo de imagens literais porque traduzem ideias ao pé da letra, o que tem um efeito devastador no espectador interessado no enredo da história. Realismo fantástico, como muitos definiram? Não concordo. Prefiro ver uma retórica áspera e que não permite que o espectador embarque no que está sendo narrado.

51   Ibid.

É mais, o que ele precisa ver ali. É o extraordinário do cotidiano, do amor e da vida das mulheres. Nada é gratuito nesse filme, assim como não o é na experiência feminina. Os lugares comuns tornados literais são uma lente absolutamente possível para descrever a prática cotidiana das mulheres. No filme, Teresa de fato engole um sapo vivo, entra por um cano, nomeia os bois que aparecem em seu caminho e mergulha no fundo de um poço durante a via-crúcis que realiza em busca do amor. Imagens impensáveis em um provável melodrama, ainda que desesperado. O fabuloso é o normal nesse sonho de valsa. Nesse contexto de turbulência, ainda temos lugar para um *happy end*. Teresa constrói uma cruz que leva nas costas em direção ao poço. Mergulha no poço em cujo fundo descobre um espelho. Com firmeza, quebra o espelho e consegue sair do poço em pleno protocolo de autolibertação.

Essa trilogia tornou-se um clássico do "cinema de mulher", como se dizia na época, e até hoje me parece ser a grande referência daquele momento em que o movimento feminista surgiu e se consolidou entre nós. Mesmo assim, Ana Carolina, como suas companheiras, não conseguiu entrar no olimpo do Cinema Novo. Diz ela:

> No Cinema Novo, todos me acolhiam. Mas eu não me misturava e nem fiz filmes junto com eles. Não fazia e nem era para fazer. Havia no Cinema Novo um comando silencioso de que, a partir de uma dada hora, a conversa virava papo de homem, e eu entendia e não me sentia à vontade de ficar ali.[52]

Se Ana Carolina não se definia como cineasta feminista, e até evitava essa ideia, Tereza Trautman, Maria do Rosário e Adélia Sampaio já ecoavam e se articulavam com as ideias feministas em seus filmes.

52 Ibid.

CINEASTAS AMORDAÇADAS

Tereza Trautman ocupa também uma posição singular na cinematografia brasileira. Depois de algumas colaborações em roteiro, produção e montagem de filmes, em 1973 realizou o icônico *Os homens que eu tive*. O filme tem como protagonista Pity, uma "mulher liberada" que vive um casamento aberto, aparentemente sem problemas e grandes conflitos. O enredo se organiza em torno da liberdade sexual dessa mulher e sua busca por novas formas de relacionamento entre homens e mulheres, poliamor, amor entre mulheres. A personagem Pity foi escrita inspirada em Leila Diniz, que era o epicentro das polêmicas sobre atitudes consideradas excessivamente "liberais" de parte da juventude da Zona Sul carioca naqueles anos. Diante da morte de Leila, que seria a protagonista de *Os homens que eu tive*, em um acidente aéreo ocorrido ao voltar da Europa para iniciar as filmagens, Darlene Glória foi chamada para assumir o papel.[53]

O filme, com seus tons eróticos, mostra de forma ousada corpos sensuais não apenas de mulheres, o que seria esperado, mas também de homens, ainda que não houvesse cenas de sexo explícito, porque na época não eram permitidas pela censura. Ele estreou em junho de 1973 no cinema Roxy, em Copacabana, em uma sessão lotada, e prosseguiu com grande bilheteria até sua estreia em São Paulo, em setembro do mesmo ano, quando foi interditado (e assim permaneceu até 1980).[54]

Em um dos pareceres da censura (4680/75), após um pedido de liberação em 1975, o enredo do filme é descrito da seguinte maneira:

---

53 VEIGA, Ana Maria. "Tereza Trautman e *Os homens que eu tive*: uma história sobre cinema e censura". *Significação. Revista de Cultura Audiovisual*, vol. 40, no 40, São Paulo, 2013, p. 52-73.

54 Ibid.

mulher casada troca a segurança do lar e do marido por vida libertina, prostituída até o dia em que resolve engravidar-se [sic] do último homem que tivera, quando reencontra com o marido, que sempre lhe dera cobertura para todos os atos de prostituição e pouca-vergonha.[55]

O censor conclui que o filme é amoral, pornográfico, e que, "a bem da moral, bons costumes, à (sic) instituição do casamento, à (sic) sociedade, das pessoas normais e de bem, somos pela NÃO LIBERAÇÃO (grifo original)".[56] Tereza descobriu que a interdição do seu filme foi feita diretamente pelo general Antônio Bandeira, o então diretor-geral do Departamento de Polícia Federal, depois de uma denúncia anônima: o filme atentava contra a imagem da "mulher brasileira".

Além do episódio da censura, apesar do sucesso de seu lançamento, houve certa suspeita de sua possível ligação com o feminismo, tal como era julgado na época. Na coluna de Ely Azeredo, um de nossos grandes críticos de cinema, lia-se: "Classificar *Os homens que eu tive* de feminista me parece apressado e, a julgar pelas distorções sectárias sempre presentes nos movimentos feministas, uma atitude talvez injusta. Um 'cinema feminista' está longe do pensamento da autora."[57]

Até os anos 1980, o filme ficou interditado, e a própria Tereza não conseguiu mais produzir nada apesar de ter tentado várias vezes. Em 1976, iniciou a produção de um filme sobre Dom Hélder Câmara, mas foi recusado; em 1978, tentou conseguir apoio para *Os saltimbancos*, mas o projeto também foi recusado. Afinal, somente quinze anos depois, em 1988, conseguiu fazer *Sonhos de menina--moça*, sobre os conflitos de três gerações de mulheres.

55 Ibid.

56 Ibid.

57 AZEREDO, Ely. *Olhar crítico: cinquenta anos de cinema brasileiro.* São Paulo: Instituto Moreira Salles, 2009, p. 208, apud VEIGA, Ana Maria, op. cit.

Para o bem ou para o mal, Tereza entra para a história do cinema como a cineasta censurada, impedida de produzir. É interessante, entretanto, observar o comportamento da censura na época da interdição de *Os homens que eu tive*, em si, uma irônica resposta ao filme *Todas as mulheres do mundo* (1966), de Domingos de Oliveira, baseado nos contos "A falseta" e "Memórias de Don Juan", de Eduardo Prado. *Todas as mulheres do mundo* foi premiado no Festival de Brasília, além de ter sido um raro sucesso brasileiro de crítica e de público na época. O filme continua sem direito de resposta...

Em 1969, quatro anos antes, *Os paqueras*, de Reginaldo Farias, havia inaugurado a linha de financiamento da Embrafilme, criada em setembro daquele ano. *Os paqueras* era sobre conquista e sedução entre jovens e já continha certas cenas de sexo e nudez. Em 1973, no mesmo ano do filme de Tereza, *Toda nudez será castigada*, de Arnaldo Jabor, foi produzido sem problemas de censura. Também protagonizado por Darlene Glória, *Toda nudez*, que continha cenas de sexo e nudez, não sofreu nenhum constrangimento e, ao contrário, arrebatou o Urso de Prata em Berlim e o grande prêmio do Festival de Cinema de Gramado, onde Darlene Glória também levou o Kikito de melhor atriz. Com pequenos cortes, o filme foi liberado e fez uma bela carreira de bilheteria. Isso sem falar do farto apoio às pornochanchadas, que dominavam o mercado nesse momento de chumbo da ditadura.

Por sua vez, quando *Os homens que eu tive* foi liberado para exibição em 1980, e, portanto, absolutamente fora do contexto original que o articulava ao nascimento do movimento feminista, não pôde ter o mesmo impacto sobre o público. Foi, ao contrário, criticado como "simpático, simples, direto. E levemente ingênuo",[58] o que é lastimável diante de seu sucesso e repercussão iniciais (então neutralizados).

---

58   VEIGA, op. cit., p. 61.

Além do cinema, Tereza Trautman atuou no movimento feminista e, com esse olhar, organizou várias atividades de mulheres no cinema.

Era o universo das diretoras, produtoras, até das técnicas. Naquela época, você não tinha sequer creche para deixar os filhos. Quase todas tínhamos filhos. Como é que você fazia? A gente só tinha um jeito de fazer filme, né? Levando os filhos junto, não tinha outro jeito. Ou, na hora em que você tinha que estar num *schedule* muito apertado, muito oneroso, de filmagem, você deixava o filho com a mãe aqueles dias. Monta a estrutura toda na casa da mãe, pai, e vai e filma.[59]

Para Tereza, a "condição feminina" te fazia ter várias versões de si mesma.

Feminismo, cinema e ditadura: essa é a equação que Tereza Trautman teve que enfrentar, como outras mulheres de sua geração, que ela batizou de "cineastas amordaçadas".[60]

ADÉLIA SAMPAIO, CASO ÚNICO

Adélia Sampaio foi a primeira mulher negra a dirigir um filme de longa-metragem na história da produção audiovisual brasileira, a primeira a abordar a questão da lesbianidade no cinema, além de ter sido a única negra na produção de cinema nas décadas de 1970 e 1980.

Filha de empregada doméstica, Adélia teve uma infância de grande vulnerabilidade e terminou sendo levada a um internato,

---

59 VEIGA, Ana Maria. "Uma história de cinema e censura durante a ditadura brasileira: entrevista com Tereza Trautman", *Estudos Feministas*, Florianópolis, vol. 23, no 3, p. 839-860, set.-dez. 2015, p. 852.

60 VEIGA, Ana Maria, op. cit., p. 859.

onde ficou sem ver a mãe até a adolescência. Adulta, casou-se com o editor do jornal comunista *A Liga*, Pedro Porfírio, e envolveu-se fortemente com a política contra o regime, terminando presa e torturada. Seu primeiro emprego foi como telefonista da DiFilm, nossa principal distribuidora de filmes na época. Daí começou sua carreira como continuísta e produtora. Na DiFilm, produziu *A cartomante* (1974), de Marcos Farias, *O seminarista* (1977), de Geraldo Santos Pereira, e *O coronel e o lobisomem* (1979), de Alcino Diniz. Como produtora era dura e disciplinada, o que lhe rendeu o título de "a rainha da pesada". Em 1978, Adélia Sampaio saiu da DiFilm e abriu sua própria produtora, a A.F. Produções Artísticas, na qual trabalhou em muitos filmes, inclusive o último longa-metragem do ícone do cinema nacional Lulu de Barros, *Ele, ela, quem?* (1980), que discutia a transexualidade.[61] Foi uma formação lenta que cumpriu passo a passo:

> Comecei a passar por diversos segmentos (...): câmera, montagem, claquete, continuidade; fui produtora de 72 filmes, até chegar na direção do meu primeiro curta. E sempre com o objetivo de fazer um longa-metragem.[62]

Os filmes de Adélia Sampaio, ao contrário de suas companheiras cineastas, não têm um foco nítido em mulheres. Fortemente politizados, todos são baseados em notícias de jornal e focados em questões sociais. Ela trouxe para as telas temas como violência, afeto, velhice, elaborados a partir de um visível pertencimento ao momento e ao local de sua produção. Seus filmes constroem retratos sociais nos quais o machismo e o racismo se impõem com diferentes intensidades, ora explicitados abertamente, ora mais sutis e nuançados.

---

61 OLIVEIRA, Clarice Cé de. *As trajetórias de Adélia Sampaio na história do cinema brasileiro*. Trabalho de conclusão de curso, Bacharel em Jornalismo, Porto Alegre, Universidade Federal do Rio Grande do Sul, 2017, p. 105.

62 OLIVEIRA, Clarice Cé de, op. cit., p. 43-44.

Denúncia vazia (1979), seu primeiro curta, selecionado para o Festival de Brasília, foi a mistura de uma notícia de jornal com uma denúncia vazia realmente vivida pela cineasta, e mostra a gravidade da questão da moradia no caso da maioria dos brasileiros. O curta-metragem *Adulto não brinca* (1981) fala da prisão do filho de uma empregada doméstica, de novo uma notícia com cores biográficas. Mais dois curtas se seguem, *Agora um Deus dança em mim* (1982), contando as dificuldades e acidentes no caminho de Tatiana, que sonha ser bailarina, e *Na poeira das ruas* (1984), que discute a questão da população de rua do Rio de Janeiro. Afinal, vem seu longa-metragem: *Amor maldito* (1984). O filme retrata um casal lésbico desafiando o conservadorismo resiliente no final da ditadura. Um fato interessante é que o filme só conseguiu contrato de distribuição sob a chancela de filme pornô, que, na época, representava uma boa fatia da bilheteria do nosso cinema.[63]

Baseado em uma história real, o filme conta a trajetória de uma ex-miss, Sueli, filha de um pastor evangélico, com quem tem uma relação abusiva. Em função disso, ela é convidada a morar com uma amiga executiva, Fernanda, com quem desenvolve um tórrido romance. Reprimida pela família evangélica e conservadora, Sueli se suicida e Fernanda é acusada de ser responsável pela morte da companheira. A narrativa mescla o julgamento de Fernanda com as suas lembranças de Sueli. Também este filme foi inspirado em uma manchete, dessa vez do jornal *Última Hora*.[64] O filme foi convidado para ser exibido no Lesbian Gay Festival em São Francisco, Estados Unidos, mas o convite foi vetado pela Embrafilme.[65] Mesmo assim, *Amor maldito* tornou-se um marco no imaginário lésbico, gestado pela produção audiovisual brasileira com todas as questões do con-

---

63 Ibid.

64 Ibid.

65 Ibid.

servadorismo político e moral dos anos de ditadura militar – época na qual um filme que falasse sobre relações homossexuais só podia ser oferecido no mercado fantasiado de filme pornô.

Adélia hoje pode ser vista não apenas por sua condição precursora de mulher negra e filha de empregada doméstica fazendo cinema, mas sobretudo pelo pioneirismo e pela importância das questões que elege e desenvolve em seus filmes.

ATRIZES DO OUTRO LADO DA CÂMERA

O feminismo chegava e a ideia de atrizes que apenas emprestavam sua beleza e talento a brilhantes cineastas autorais começava a incomodar. É a partir desse incômodo que se firma a carreira de Helena Ignez, chamada de musa do Cinema Novo e do Cinema Marginal, dois movimentos cinematográficos contrapostos política e esteticamente, mas que juntos se renderam à atriz. Helena é uma presença decisiva no panorama cultural dos anos de chumbo, e sua carreira muitas vezes se confunde com a própria história do cinema brasileiro.

Aqui vale retroceder um pouco para observar a construção da personagem Helena Ignez e sua profunda e rebelde articulação com o cinema dos anos de 1960 e 1970. Linda, aos dezoito anos Helena foi eleita Glamour Girl em Salvador. A adolescente de classe média foi parar nos melhores salões da alta sociedade baiana, entre os muito ricos não só da Bahia, mas do Rio de Janeiro também. Vestia-se com grandes costureiras e era disputada para festas e fotos.

Daí, escolheu mudar radicalmente sua vida e entrou na faculdade de Direito e no Clube de Cinema da Bahia, onde era a única mulher, e mergulhou na famosa Escola de Teatro da Bahia, dirigida por Martim Gonçalves em um momento em que a cultura baiana fervilhava, com a presença de profissionais famosos e professores estrangeiros como o maestro alemão Hans-Joachim Koellreutter.

Fundada em 1956, a Escola de Teatro da Bahia foi a primeira no Brasil a integrar uma universidade, a Universidade Federal da Bahia (UFBA). Pela excelência de seus professores e de seu projeto quase utópico, foi a responsável pela grande projeção cultural da Bahia a partir dos anos 1960. Foi nessa escola que Helena e Glauber se conheceram. Fascinada pelo talento e pelo carisma intelectual dele, Helena se casou e passou a acompanhar "ao vivo" os primeiros movimentos do que se tornaria o Cinema Novo. Conta ela:

> **Eu tinha sido a Glamour Girl, queridinha de Salvador, e tanto na Escola de Teatro quanto na Faculdade de Direito os rapazes ficavam me olhando e perseguindo. Então, conhecer Glauber para mim foi um banho de limpeza. Ele era um homem extremamente brilhante e ficava admirado porque eu já tinha lido tudo, as mesmas coisas que ele. Nós gostávamos dos gregos, dos filósofos, tínhamos muitas coisas em comum. Mas no quinto ano de casamento eu não suportava mais nada daquilo. Queria sair, ter minha liberdade de volta. Talvez isso tenha sido o meu primeiro impulso de rompimento com o que seria a subordinação da mulher.[66]**

Helena Ignez estabeleceu uma parceria, infelizmente curta, com Glauber. Além de atuar como atriz, foi também produtora de seu primeiro filme, *O pátio* (1959), que pôde financiar graças ao dinheiro que havia ganhado no concurso de Glamour Girl somado ao de um par de brincos que vendeu.[67] O roteiro foi feito a quatro mãos. Tinham entre dezoito e dezenove anos. Durante seu casamento, Helena trabalhava como atriz e dava aulas de interpretação na UFBA. Glauber trabalhava em jornal – era repórter policial e escrevia críticas de cinema.

---

66 Entrevista nossa com Helena Ignez, realizada em março de 2019.

67 Ibid.

Os dois trabalhavam também nos Centros Populares de Cultura. Glauber tinha enorme prestígio com a esquerda e com o Partido Comunista. Observa Helena:

> O CPC era muito franciscano. Os verdadeiros comunistas. Tinha aquela união, aquela emoção de mudar o mundo. Lá eu não sentia o machismo. As pessoas de teatro são muito, muito menos machistas. Já o Cinema Novo eu frequentava muito com o Glauber. E digo por experiência própria: o Cinema Novo era muito machista! A esquerda também não era brincadeira, não. Mulher tinha que se calar e aceitar essa posição.[68]

O casamento acabou com Helena no papel de vilã, depois de vir à tona um romance paralelo com um colega de faculdade. A guarda da filha, Paloma, ficou com Glauber, que a criou junto com a mãe, dona Lucia. A separação ganhou tons dramáticos, e Helena sentiu na pele o peso de ser uma mulher livre, como ela lembra:

> Tínhamos uma relação de ódio, e amor, e paixão e cuidado. Estranhíssima! Toda a minha relação com ele, até o fim da vida dele, foi extremamente especial e única. Me ensinou muito! Mas evidentemente que ele só faltou me destruir com essa história da traição. Glauber era muito machista, queria que eu mudasse a cor dos cabelos de loiro para castanho para chamar menos atenção. Eu era a moça bonita e ele era o gênio.[69]

Depois de Glauber, Helena investiu pesado no trabalho solo. Fez uma infinidade de peças no teatro, muitas com Martim Gonçalves. Firmou, ainda, uma presença forte em inúmeros filmes no Cinema Novo. Um dos papéis mais emblemáticos foi em *O padre*

68 Ibid.
69 Ibid.

e a moça (1966), de Joaquim Pedro de Andrade, no qual sua personagem, Mariana, carrega toda a estagnação social e econômica de uma pequena cidade sumida no interior de Minas Gerais. Uma performance impecável, contracenando com Paulo José, que hoje faz parte da história do cinema brasileiro.

Helena estrelou filmes que marcaram a produção nacional dos anos 1960 e que reverberam até hoje, como *A grande feira* (1961), de Roberto Pires, *O assalto ao trem pagador* (1962), de Roberto Farias, *O grito da terra* (1964), de Olney São Paulo, além do já citado *O padre e a moça*.

Em 1966, Helena Ignez começou um namoro com Julio Bressane e fez o primeiro longa dele, *Cara a cara* (1967), considerado o filme de transição entre o Cinema Novo e o Cinema Marginal, por promover uma síntese na bipolaridade estético-política do cinema brasileiro desse período. A partir daí, Helena trabalhou como atriz e parceira em sete filmes de Julio.

Mas foi ao lado de Rogério Sganzerla, seu grande companheiro de vida, que Helena criou uma forma de interpretar que marcaria época. Essa parceria começou no primeiro longa de Rogério, *O bandido da luz vermelha* (1968), marco do cinema brasileiro. Em fevereiro de 1970, Helena abandonou uma temporada teatral de sucesso para mergulhar de cabeça em uma ambiciosa aventura com Sganzerla e Bressane: criaram a produtora Belair, que, com um pequeno aporte do distribuidor Severiano Ribeiro, realizou sete filmes no período de fevereiro a maio de 1970, quando foi fechada. Entre eles, foram criadas obras fundamentais, como *Sem essa, aranha* e *Copacabana mon amour*, dirigidos por Sganzerla, e *A família do barulho* e *Cuidado, madame*, dirigidos por Bressane. O sonho da Belair foi interrompido bruscamente pela perseguição política e pelo exílio de Bressane, Helena e Sganzerla.

De certo modo, o Cinema Marginal pode ser considerado uma espécie de filho rebelde do Cinema Novo, que enveredou por um caminho de experimentação considerado, na época, menos político do que o do seu antecessor. Mas, na realidade, o Cinema Marginal, com sua estética agressiva, registrou o momento perigoso da transformação capitalista no período militar. O fato é que o Cinema Marginal incomodava. Em 1972, a pressão da ditadura foi forte, e Rogério Sganzerla e Helena Ignez foram forçados a deixar o país.

Voltando à atuação de Helena, um de seus grandes momentos acontece em *A mulher de todos* (1969), dirigido por Sganzerla. "Acho *A mulher de todos* um filme extraordinário, me identifico com Ângela Carne e Osso porque ela é revolucionária. Quer dar as regras do jogo, algo que não era comum na época em que comecei a atuar."[70], relata Helena.

Ângela é uma mulher bastante sexualizada, que assume o total comando da ação. A personagem parece ressoar a ebulição do feminismo no final da década de 1960, e a pauta da liberação sexual do momento. É nesse filme que Helena encontra as condições para trabalhar a explosão da sexualidade com liberdade criadora, marca de seu dialeto autoral. Helena Ignez é uma atriz-autora. É ela quem dá forma ao estilo rebelde do Cinema Marginal com um modo de atuar que propõe um novo corpo, que simultaneamente interage e atravessa as situações, livre e ao mesmo tempo condicionado pelas estruturas sociais e pelos preconceitos. Para Pedro Maciel Guimarães Júnior, professor do Departamento de Cinema da Unicamp, Helena não foi só o rosto bonito,

> Ela foi também o cérebro, trabalhando em sistema de "três em um" com Sganzerla e Bressane e exibindo para a câmera um modo totalmente peculiar de atuação. Nenhuma atriz no mundo fez o que ela fez no período da Belair: um tipo de atuação ex-

70 Ibid.

cessiva, contestadora, debochada, escrachada, verborrágica, sem limites, com um forte espírito de afronta.[71]

Esse "brechtianismo tropical" jamais abandonará Helena. Estará sempre presente em seu trabalho de direção, na forma que constrói suas narrativas, com canções, interrupções e discursos diretos em primeira pessoa.

Em 1985, mais uma virada radical aconteceu na vida de Helena Ignez. Segundo ela, "por estar cansada da civilização ocidental e com medo das drogas",[72] se encantou com a filosofia Hare Krishna. Meses depois, estava iniciada. Foram seis anos de mergulho espiritual, fazendo teatro dentro dos templos, principalmente nos Estados Unidos. Em 1991, passou um ano na Índia, e na volta seu ganha-pão passou a ser a leitura de mãos, especialmente no espaço do Mundo Mix.

Sganzerla morreu em 2004, vitimado por um tumor cerebral, e deixou um "baú cheio de roteiros", segundo a atriz. A partir daí, Helena fez uma longa carreira na direção. Um de seus últimos filmes, *Ralé*, de 2015, é conhecido como o mais radicalmente feminista do nosso cinema. Disruptivo na forma, hiperimpostado na locução, trata de pensar um feminismo em sentido amplo, que vá além da questão feminina. Isso é possível? Seria pensável? Talvez esse seja o maior desafio da grande desconstrução que o feminismo nos propõe, conclui Helena Ignez.[73]

Quando penso em Helena Ignez, a lembrança da figura poderosa de Norma Bengell torna-se inevitável. As duas pouco têm em comum a não ser o impacto de suas presenças e a forma como se impuseram bem além de suas carreiras de atrizes. Norma é assim

---

71 Declaração dada por Pedro Maciel Guimarães em entrevista à Fapesp, em junho de 2019, por ocasição do lançamento do seu livro *Helena Ignez: actrice experérimentale*, editado pela Université de Strasbourg, com apoio da Fapesp.

72 Entrevista com Helena Ignez, realizada em março de 2019.

73 Ibid.

como Helena, uma das tantas atrizes do nosso cinema que enveredaram para a posição de diretoras.

Considerada uma das grandes musas do cinema e do teatro brasileiro, Norma surgiu nos anos 1950 como modelo da Casa Canadá e Casa Imperial, ficando rapidamente conhecida por sua beleza e sua personalidade forte. Convidada pelo produtor Carlos Machado, tornou-se a principal vedete dos espetáculos de teatro de revista e pouco depois estreou no cinema protagonizando uma caricatura de Brigitte Bardot no filme *O homem de Sputnik* (1959), de Carlos Manga. No mesmo ano, gravou seu primeiro LP, *Ooooooh! Norma*.

Essa é Norma Bengell, uma persona que toca todos os instrumentos e que em todos reforça sua imagem de mulher forte, determinada, sensual e, sobretudo, destemida. Diferentemente de Helena Ignez, mais intelectualizada, criadora de um estilo de atuação que marcou a linguagem do Cinema Novo e do Cinema Marginal, Norma constrói-se como personagem única. Ou, como diz Ana Carolina, que a dirigiu em *Mar de rosas*, "Norma é um animal cinematográfico", uma tempestade que a câmera dificilmente controla.[74]

Norma, assim como Helena, atravessou a produção cinematográfica do Cinema Novo e foi protagonista de filmes de Ruy Guerra, Walter Hugo Khouri, Paulo César Sarraceni, Glauber Rocha e da Belair, produtora do Cinema Marginal, trabalhando com Rogério Sganzerla e Julio Bressane.

Paralelamente, atuou na música e na televisão. Durante a década de 1960, fez sucesso cantando em shows de João Gilberto, Vinicius de Moraes e Roberto Menescal e foi uma das primeiras cantoras a gravar composições inéditas de Tom Jobim. Na televisão, apresentou um programa sobre MPB na TV Tupi e participou de *Carrossel* e *Noite de Gala*, na TV Rio. Em 1961, estreou no teatro dramático com *Procura-se uma Rosa*.

---

74 Entrevista com Ana Carolina Teixeira Soares, realizada em março de 2020.

Em 1962, protagonizou duas atuações que se tornariam marcos em sua carreira e no cinema nacional: o escândalo com o primeiro nu frontal na história do cinema brasileiro, em *Os cafajestes*, de Ruy Guerra, e o papel da prostituta Marli no único filme brasileiro vencedor da Palma de Ouro em Cannes até hoje: *O pagador de promessas*, de Anselmo Duarte. Ganhou projeção com este último, que lhe abriu caminhos para uma carreira internacional. Entre 1962 e 1970, atuou em treze produções estrangeiras, incluindo algumas de Hollywood.

Com a cena de nudez em *Os cafajestes*, Norma tornou-se alvo predileto de grupos conservadores, sofrendo ataques da igreja e da organização Tradição, Família e Propriedade (TFP). Mais tarde ela reproduziria a ousadia encenando a primeira cena de masturbação feminina, em *Mar de rosas*, de Ana Carolina, e na cena em que está na cama com Odete Lara em *Noite vazia* (1964), de Walter Hugo Khouri. Cenas raras, e mesmo únicas, no cinema daquele momento, todas com o protagonismo de Norma.

Em 1969, com o Brasil já em estado de exceção institucional, Norma foi presa quando encenava *Cordélia Brasil*, de Antonio Bivar, no Teatro de Arena, e levada para ser interrogada e detida pelo 1º Batalhão Policial do Exército. Essa seria a primeira de várias prisões pelo regime militar, o que resultou em seu exílio na França, em 1971, onde atuou no Théatre National Populaire.

Da França, Norma voltou feminista, com grandes planos de intervenção política em defesa da mulher no cinema e no teatro. Ela lembra: "Lá o movimento feminista é muito forte, as mulheres trabalham mesmo. Então, como atriz eu imaginava o que poderia fazer pela mulher. O que dentro da minha cultura eu poderia fazer sobre a mulher?"[75]

---

75 "Meu tempo agora é aqui", entrevista de Norma Bengell a Macksen Luiz. *Opinião*, Rio de Janeiro, no 126, 4 abr. 1975, p. 20, apud ESTEVES, Flávia Cópio. *Mulheres no cinema brasileiro: as múltiplas faces de Pagu* (Norma Bengell, 1987). XIII Encontro de História da ANPUH-Rio, 2008.

De volta ao Brasil, seu primeiro projeto, nunca realizado, era produzir e dirigir um filme sobre Maria Bonita, companheira de Lampião e a primeira mulher que participou efetivamente de um bando de cangaceiros.

A vida de Norma e sua enorme frente de atividades podem ser contadas em muitas perspectivas e dimensões. Não vou me estender mais aqui. Restrinjo-me apenas a um panorama que mostra a extensão de sua produção. Norma trabalhou como atriz em 64 peças e filmes nacionais e estrangeiros, produziu teatro, participou de um sem-número de shows e apresentações musicais, gravou dois LPs individuais, participou de novelas na TV Bandeirantes e na TV Globo e, em 1978, promoveu a luta pela regulamentação da profissão de ator no Brasil. Em 1984, recebeu das mãos de Jack Lang a condecoração de Oficial das Artes e Letras concedida pelo governo francês. Mas foi em 1979 que Norma criou a N.B. Produções, lançando-se na produção, roteirização e direção de cinema.

Se *Maria Bonita*, seu primeiro desejo como diretora, ficou só na imaginação, Norma começa sua carreira como diretora na N.B. dando destaque a outra figura feminina importante: *Maria Gladys, uma atriz brasileira* (1979). Nesse período do feminismo que estou analisando aqui, realizou ainda os curtas-metragens *Barco de Iansã* (1980) e *Maria da Penha* (1980). Em 1988, estreou na direção de longas-metragens com o filme *Eternamente Pagu*.

É importante observar que, além da composição de personagens femininas fortes ou dissonantes, a filmografia que Norma nos deixou é claramente envolvida com a questão da mulher. Ou são registros de mulheres fora da curva, como é o caso de Maria Gladys e Pagu, ou são questões como a creche para crianças abandonadas e os rituais africanos comandados por mulheres. Mais tarde, já no período da retomada do cinema brasileiro, vemos alguns outros títulos nesse sentido: os curtas-metragens *Mulheres no cinema brasileiro* (2000), *Maria Lenk* (2004) e *Trilogia das pianistas* (2005), todos em torno de mulheres que se destacam por seu trabalho e sua independência.

Ao longo da carreira, Norma sempre se declarou feminista e lutou em manifestações e sindicatos pelos direitos da mulher, defendendo o direito feminino de trabalhar, se divorciar e abortar, o que sempre causou reações na sociedade de sua época. Norma é caso bem especial, senão único, de feminista assumida e ativista na área do cinema.

A história de Ana Maria Magalhães, assim como a de Helena Ignez e de Norma, é a de uma atriz com formação profissional muito atuante nos anos 1970 e que passou para o outro lado das câmeras. O diferencial de Ana Maria que me chama atenção é o fato de ela ser a cineasta que aparentemente mais se aproximou do que seria o modelo sonhado da mulher feminista e libertária das décadas de 1970 e 1980. Para confirmar essa visão, é importante explorar um pouco não apenas o seu universo profissional, mas também seu comportamento pessoal, pois Ana enfrentou ainda mais tabus e avançou em arenas proibidas.

Ana Maria Magalhães cresceu em uma família de classe média tradicionalista. No entanto, como contrapeso a esse contexto, teve um pai deputado cassado, que foi também um advogado que lutou pela lei do divórcio.

Ela descreve sua geração como ainda muito aprisionada em valores e comportamentos conservadores. Uma geração, segundo ela, que fazia plástica de hímen e defendia o casamento como única alternativa de vida para as mulheres. Ana conta que, então, um grupo de mulheres artistas começou a se insurgir contra esse ambiente, mesmo sem levantar as bandeiras do feminismo. Ainda adolescente, com quinze anos, ela se tornou muito amiga de Leila Diniz, com quem, apesar da diferença de idade, tinha forte identificação. Outras amigas desse grupo eram Vera Valdez, modelo que tinha trabalhado para Chanel, em Paris, Maria Gladys, Darlene

Glória, Dina Sfat, Ítala Nandi e tantas outras. Era "a turma da praia", sendo a praia, nos anos 1960 e 1970, a grande arena pública onde se discutiam artes, política, vida.[76]

Naquele momento, a luta contra a censura e contra a ditadura não conseguiu impedir a pauta que vinha de fora e que propunha liberdade sexual, autonomia e direito ao trabalho para as mulheres. O símbolo dessa geração era Helena Ignez, por ter enfrentado com ousadia o escândalo em torno da separação de Glauber, a perda da guarda da filha e a pressão negativa do Cinema Novo – e, principalmente, porque nada disso a impediu de definir a marca da interpretação do cinema por onde passou.

Em 1968, com a promulgação do AI-5, a efervescência dos jovens artistas que praticamente formavam uma tribo, juntando todas as áreas em uma unidade de desejos e perfis, das artes plásticas, pintura, poesia, teatro ao cinema e à televisão, foi golpeada na raiz. Exílio, autoexílio, clandestinidade e a sombra da repressão promoveram a dispersão da voltagem rebelde dessa geração. Mas Leila Diniz, de certa forma, não se intimidou e, em entrevista bombástica publicada no *O Pasquim*, em 20 de novembro de 1969, prega a liberdade sexual, fala palavrões e consegue ser criticada tanto pela direita quanto pela esquerda, em matéria que já nasceu histórica.[77] Depois desse episódio, foi decretada sua prisão e Leila teve que fugir, em uma trama organizada pelo jornalista e apresentador Flávio Cavalcanti e Marcelo Cerqueira, seu advogado. Leila ficou escondida por um tempo e só foi liberada pela polícia quando concordou em assinar um termo onde se comprometia a não mais repetir suas ideias e palavrões em público. Leila viu encerrada sua carreira nesse episódio.[78] Esse era o papel da ditadura na epopeia do feminismo nos anos 1960 e 1970.

---

76 Entrevista com Ana Maria Magalhães, realizada em março de 2019.

77 "Leila Diniz: '&$£7!'", *O Pasquim*, Rio de Janeiro, nº 22, 20 nov. 1969.

78 Entrevista com Ana Maria Magalhães, realizada em março de 2019.

Leila Diniz morreu em um desastre aéreo em 14 de junho de 1972, três anos antes de o feminismo se formalizar enquanto movimento.

Dez anos após a morte de Leila, Ana Maria Magalhães fez um documentário sobre a amiga, finalizado com recursos próprios. Intitulado *Já que ninguém me tira pra dançar* (1982), foi produzido para ser exibido em TV aberta e conta a história de Leila por meio de um inventário sentimental, das lembranças de amigos e do retrato de uma época. O trabalho se tornou o primeiro documentário a ser exibido pela televisão brasileira, o que no início dos anos 1980 significava ampliar os horizontes da produção independente.[79]

Já sua carreira como atriz amadora começou em um filme estrangeiro sobre Vinicius de Moraes rodado em 1965. Terminadas as gravações, Ana Maria fez o vestibular para a atual Universidade Federal do Estado do Rio de Janeiro (Unirio), antigo Conservatório Nacional de Teatro, tendo sido contemporânea de atores como Marco Nanini, Leila Tavares e Antonio Bivar e logo se engajou no Teatro Oficina com José Celso Martinez Corrêa.

Nos dois anos seguintes, Ana Maria Magalhães trabalhou em vários filmes, entre eles *Todas as mulheres do mundo* (1966), de Domingos de Oliveira, e *Garota de Ipanema* (1967), de Leon Hirszman (1967). Em 1968 protagonizou *O diabo mora no sangue*, de Cecil Thiré. Em 1969, começou sua ligação mais próxima com o Cinema Novo. Tornou-se a protagonista de *Azyllo muito louco* (1970) e de *Como era gostoso o meu francês* (1971), ambos de Nelson Pereira dos Santos, com quem começou um namoro e teve seu primeiro filho. Nelson era casado e foi inevitável para a época que se formasse uma reação forte contra a atriz. Ana Maria lembra:

Teve gente do Cinema Novo que não me cumprimentava. O Cinema Novo era muito machista, meu trabalho, na realidade, foi

---

79   Ibid.

uma longa batalha. Além disso, eu tinha que ouvir coisas bastante desagradáveis. Uma vez ouvi um diretor falando que o filme ia vender por causa do rabo de uma atriz famosa na época. (...) Eles eram um movimento muito masculino. Estavam fazendo uma tomada do poder cultural e tinham a consciência disso. No cinema não tinha espaço para a mulher, a mulher não era vista como um ser pensante. Havia as intelectuais, não é que não houvesse, mas elas não tinham, pelo menos no grupo deles, relevância.[80]

Ainda que houvesse uma sistemática desqualificação das mulheres no Cinema Novo, que praticamente limitava a participação delas à função de atrizes, elas procuravam intervir em qualquer brecha possível, como contou Ana:

Quando eu fiz o *Uirá* com o Gustavo [Dahl], percebi minha personagem muito passiva, parada. Fui então pesquisar a verdadeira história dessa índia, e vi que ela era uma doida maravilhosa. Alterei completamente a personagem e fui conversar com Darcy Ribeiro, que tinha escrito a história na qual o filme se baseava, e que me apoiou totalmente. Passei a ser seu estandarte feminista. O mesmo aconteceu no *Lúcio Flavio, o passageiro da agonia*. Consegui que [Hector] Babenco mudasse a atitude da personagem e escrevi para ele uma das cenas mais fortes do filme. Era assim que a gente se virava e conseguia uma função autoral até mesmo no trabalho de atriz.[81]

Ana Maria Magalhães teve um papel duplamente dificultado no seu trabalho, uma vez que, além da relação com Nelson Pereira, reconhecido como o fundador do movimento, se casou com Gus-

---

80 Entrevista com Ana Maria Magalhães, realizada em março de 2019.

81 Ibid.

tavo Dahl, importante cineasta e superintendente de comercialização da Embrafilme no final dos anos 1970. Ou seja, Ana tinha tudo para ser considerada a mulher de x ou z, situação constrangedora para sua imagem de feminista e mulher liberada. O desconforto foi tal que, durante a permanência de Gustavo na Embrafilme, ela escolheu ir para a televisão, interpretando papéis importantes em novelas como *Gabriela* (1975) e *Saramandaia* (1976), além de especiais como *Sarapalha* (1975) e *Quincas Berro d'Água* (1978), da TV Globo.[82]

Ainda na década de 1970, dirigiu o média-metragem *Mulheres de cinema* (1977), único filme que temos que resgata a história das mulheres no cinema brasileiro. Mais tarde, dirigiu ainda outros filmes, como *Assaltaram a gramática* (1984), *O mergulhador* (1985), *Spray Jet* (1986) e *O bebê* (1987). Ana foi figura bastante importante nesse momento inicial do feminismo e continua sua carreira com sucesso até hoje. Dos seus filmes posteriores à época que estou investigando, destaco o longa-metragem sobre Odete Lara, chamado *Lara* (2002), que reforça seu perfil de documentar as mulheres que desafiaram padrões em suas épocas.

Neste nosso elenco de cineastas, temos ainda Maria do Rosário Nascimento e Silva, que foi atriz, produtora, roteirista e diretora. Trabalhou com cineastas do Cinema Novo e do Cinema Marginal. Rosário atuou em nove filmes, começando por *Os marginais* (1968), de Carlos Prates Correia, passando por filmes de Joaquim Pedro de Andrade e Paulo César Saraceni, e também filmes marginais como *Piranhas do asfalto* (1971), de Neville D'Almeida. Sua filmografia é grande e diversificada. Em 1972, realizou seu primeiro curta-metragem como diretora, *Quarta-feira*, em parceria com Bruno Barreto; em 1973, outro curta, *Eu sou brasileiro*, agora assumindo sozinha a direção, o roteiro e a direção de produção. Em 1976, lançou seu

---

82   Ibid.

primeiro longa-metragem, *Marcados para viver*, seguido, em 1980, por *Pequenas taras*.

É muito interessante observar nos filmes de Rosário como as duas tendências contrárias do cinema brasileiro, o Cinema Novo e o Marginal, em cujos filmes trabalhou como atriz, a marcaram decisivamente. Ela não escondia que suas maiores influências eram Nelson Pereira dos Santos e também Julio Bressane. "Vi nos dois uma não preocupação com a forma. Ela aparece de forma instintiva. São cineastas mais emocionais."[83] Assim, apesar de declarar que seu trabalho se encaixava em certa perspectiva do Cinema Novo, porque havia um interesse pelo aspecto social e pelo público,[84] é evidente a atração pelo submundo e pelo universo dos marginais em seus dois longas-metragens.

A ideia de marginal e marginalidade foi um dos eixos de sentido da produção contracultural que se desenvolveu no período pós--AI-5, também chamado de "vazio cultural", em função do endurecimento da violência militar e do consequente aumento no número de exílios, prisões e "desaparecimentos", na vigência do presidente Emílio Garrastazu Médici.

O grande símbolo da cultura marginal dessa época foi a obra de Hélio Oiticica "Seja Marginal/Seja Herói", mostrada em uma exposição a céu aberto que ficou conhecida como *Happening Bandeiras na Praça General Osório*, em 1968. Daí para a frente, a ideia de marginalidade ganhou corpo e sentido político, referindo-se alegoricamente à marginalidade dos artistas em relação ao Estado brasileiro, à marginalidade da guerrilha, à violência da tortura e dos assassinatos políticos cometidos diariamente pela ditadura. O "bandido" tornou-se o "herói". Nessa trilha, tivemos ainda a literatura marginal, o teatro

---

83 "O olho de Maria do Rosário e o discreto charme dos marginais", *Jornal do Brasil*, Caderno B, Rio de Janeiro, 20 set. 1976, p. 4.

84 CAVALCANTE, Alcilene. "Cineastas brasileiras (feministas) durante a ditadura civil-militar", in HOLANDA, Karla; TEDESCO, Marina C. (org.), op. cit.

marginal e o cinema marginal, que surgem em franca oposição à estética política do revolucionário Cinema Novo.[85]

O longa de Maria do Rosário *Marcados para viver* traduz o encontro e as andanças de três jovens, vistos como marginais típicos: a prostituta, o pivete e o bandido malandro. Encontram-se na rua Prado Júnior, um ponto conhecido em Copacabana por ser local de prostituição, drogas e assaltos. A Prado Júnior foi o cenário por excelência dos filmes da Belair, de Julio Bressane e Rogério Sganzerla. Rosário é ousada. No libreto do filme, "Jojô (Tessy Callado) é um pivete cuja identidade de gênero não se fixa. Trata-se de 'Homem ou mulher – não importa'".[86] Se veste, brinca e anda como menino, mas pode perfeitamente ser uma menina (excelente trabalho da atriz Tessy Callado). É um típico pivete limpa-carros, leva-maconha, bate-carteiras. O trio se encontra e desenvolve uma ligação de afeto e pequenos golpes. Em uma investida mais perigosa, morre a prostituta dançarina (Rose Lacreta), e os outros dois seguem a vida com destino incerto. A TV, outro elemento importante da estética marginal, aparece aqui também como pano de fundo. Ainda que não diretamente brandindo a agenda feminista, a tematização de questões bem avançadas para o momento feminista é colocada no filme em pontos expressivos. A personagem central é tranquilamente não vista como binária, bonecas são destruídas, prostitutas humanizadas, e o clima de poliamor salta cá e lá.

Além disso, Rosário adotou uma posição pouco usual entre feministas e mulheres em geral ao se inspirar nas páginas policiais, para as quais, segundo ela, foi atraída desde cedo.[87] Ainda que eu respeite a declaração da cineasta, tendo a achar que sua adesão ao

---

85 Para mais informações sobre os agitos culturais das décadas de 1960 e 1970 no Brasil, ver *Cultura em transe, Brasil anos 60* e *Os marginais, Brasil anos 70*, ambos de minha autoria, lançados pela editora E-galáxia em 2016 e 2017, respectivamente.

86 CAVALCANTE, Alcilene, op. cit., p. 62.

87 Ibid., p. 61.

universo do submundo, da bandidagem e da sexualidade das prostitutas tenha vindo da novidade que representou a chegada do Cinema Marginal enfrentando o consagrado Cinema Novo, aproximando-se do público com novas formas de se expressar politicamente mais diretamente endereçado ao contexto da ditadura, mas ainda em uma perspectiva claramente masculina.

Marcados para viver foi convidado, em 1976, para ser exibido no Encontro Internacional das Mulheres que Dirigem Cinema, em Nova York, o que não o isentou de problemas com a censura, sofrendo cortes em cenas que falavam de homossexualidade.[88]

Essas são, em princípio, as cineastas pioneiras que marcam o momento de profissionalização do cinema brasileiro e abrem espaço para a atuação das mulheres neste mercado.

NOVOS TEMPOS

Em 13 de outubro de 1978, o general Ernesto Geisel promulgou a emenda constitucional nº 11, cujo artigo 3º revogava todos os atos institucionais e complementares que fossem contrários à Constituição Federal. Essa emenda revogava o fatídico AI-5, encerrando assim o período mais terrível e violento de nossa história recente. Começava então um "gradual, lento e seguro" processo de abertura política, concluído definitivamente em 1988, com a promulgação da nova Constituição Brasileira. Mudava o governo, a sociedade se movimentava em busca de uma nova democracia, e o cinema brasileiro, já longe do período cinemanovista e marginal, buscava seus caminhos para a formação de um mercado nacional mais estruturado.

Também o movimento feminista mostrava sinais de amadurecimento e institucionalização. Com a Nova República, o feminismo

---

88   Ibid.

avançava, ganhava espaço e conseguiu criar um órgão dedicado aos direitos da mulher no quadro do governo Sarney, o Conselho Nacional dos Direitos da Mulher (CNDM), que atuava com status de ministério. Foi histórica a intervenção/participação do conselho no processo de construção da nova Constituinte e a grande vitória do *lobby* feminista, garantindo a inserção de questões vitais como a igualdade de direitos e responsabilidades no casamento – o que pôs fim à posição do homem como cabeça da sociedade conjugal –, a afirmação do dever do Estado em coibir violência intrafamiliar e várias outras.

Estávamos, assim, entrando em um momento radicalmente novo da política brasileira e também de consolidação do feminismo. O cinema feito por mulheres, entre nós, como não poderia deixar de ser, também ganhava novo perfil. Já relativamente abertos os caminhos, esse cinema avançava com firmeza entre agências de fomento e distribuidoras, assim como desenvolvia uma linguagem já bem distante da estética autoral cinemanovista, que indiretamente marcou suas antecessoras.

Algumas das cineastas desse segundo momento, mesmo tendo realizado curtas-metragens no período anterior, estreavam agora no longa-metragem. Um filme emblemático da redemocratização, por exemplo, é *Gaijin – os caminhos da liberdade* (1980), de Tizuka Yamasaki, uma das conselheiras do histórico CNDM.

O lançamento de *Gaijin* coincidia com toda a fermentação política que levou à criação do Partido dos Trabalhadores (PT), em meio à ascensão dos movimentos sindicais operários, seguida da campanha pelas Diretas Já. *Gaijin* ecoava esse clima de convulsão social e foi, inclusive, considerado pela crítica da época um filme político, de luta, sobre a necessidade da liberdade diante da opressão. Naquele momento, muitos debates discutiam o duplo sentido do subtítulo, "os caminhos da liberdade", que poderia se referir ao bairro que agrega a imigração japonesa em São Paulo ou à liberdade interditada em vinte anos de censura e opressão da ditadura militar, a grande bandeira política dos movimentos das Diretas Já.

Antes de *Gaijin*, Tizuka já tinha história no cinema. Havia estudado e trabalhado com Nelson Pereira dos Santos, fundado sua própria produtora, a CPC, que produziu filmes de Hugo Carvana, Neville D'Almeida e Glauber Rocha, e feito alguns curtas-metragens. A cineasta chegava à realização de seu primeiro longa-metragem com a segurança de sua experiência no trabalho em equipes de nossos maiores cineastas e de sua vivência de produtora em sua própria empresa. Chegava também em uma fase bem diversa das pioneiras como Helena Solberg, Vera Figueiredo, Tereza Trautman ou Ana Carolina, que desbravaram os caminhos da produção de cinema para mulheres e evidenciavam o momento da irrupção feminista e da centralidade das questões sobre a mulher que marcaram o período anterior.

Tizuka estreava, então, como diretora de longas com *Gaijin*, ligado indiretamente às comemorações dos setenta anos da imigração japonesa no Brasil, cujo início data do ano de 1908. Segundo a autora, seu desejo inicial era produzir a saga da imigração japonesa no Brasil no formato de uma trilogia. O primeiro filme contaria a chegada dos imigrantes ao Brasil, o segundo, a experiência da colônia japonesa durante a Segunda Guerra e o terceiro, falaria dos japoneses no Brasil contemporâneo. A trilogia não aconteceu, mas *Gaijin* foi imediatamente considerado pela crítica como o primeiro épico do cinema brasileiro e o filme definitivo sobre a imigração no Brasil. Já no início da obra, um letreiro adverte o espectador: "uma homenagem a todos que um dia precisaram deixar sua terra", assim como o próprio termo *gaijin*, que significa "pessoa de fora", remetendo à condição de imigrante ou estrangeiro.

Gaijin, segundo Tizuka, homenageia e foi inspirado na vida de sua avó, e acompanha a chegada de um grupo de imigrantes japoneses, a fuga para o sonho de uma vida melhor, as dificuldades de adaptação ao trabalho na agricultura cafeeira, os conflitos e relações estabelecidas com os brasileiros e o enfrentamento de difíceis condições de vida. É sem dúvida uma produção diferenciada do cinema de mulheres em tempos de Cinema Novo. É um filme de linguagem clássica, objetivo, muito atento à reconstituição da época e notável pela mobilização de grande número de figurantes.

A primeira exibição do filme se deu em março de 1980, em sessão especial no Museu de Arte de São Paulo (Masp), com casa lotada. Em seguida, foi lançado no circuito comercial e participou de festivais nacionais e internacionais, recebendo vários prêmios e menções: melhor filme, trilha sonora, cenografia, ator coadjuvante (para José Dumont) e roteiro no Festival de Gramado; Prêmio Air France de Cinema; Margarida de Prata da Conferência Nacional dos Bispos do Brasil; Prêmio da Associação Paulista de Críticos de Arte de São Paulo para a cenografia; Troféu Curumim pelo Clube de Cinema de Marília; Grande Prêmio Coral e melhor filme de ficção no Festival de Havana; Prêmio George Sadoul no Festival de Paris; menção honrosa na Quinzena dos Realizadores no Festival de Cannes; e melhor filme (escolha do público) no Festival de Bruxelas.

Gaijin trazia um novo "cinema feito por mulheres", que passaria a ser a tônica da década de 1980. Tizuka, no entanto, se queixa da permanência de uma certa estigmatização da produção feminina. Diz ela:

> Há uma certa paternalização [na relação que os cineastas têm comigo], ou então uma indiferença propositada. É muito difícil me considerarem uma colega, sabe? Ou eu sou uma garotinha, ou uma mulher, mas sempre uma coisa que não é muito importante. Raríssimas pessoas vieram falar comigo sobre o *Gaijin*: é legal, não é legal, uma transação de colega. Uma relação muito diferente da que têm com os outros cineastas. Porque também tem outra

coisa: se eu fosse uma mulher bonita, eles saberiam melhor como se colocar, eu seria a "comida" de alguém. Mas eles não podem usar esse recurso.[89]

Depois do sucesso de *Gaijin*, ainda nos anos 1980, Tizuka dirigiu *Parahyba Mulher Macho* (1983), baseado na história real da poeta feminista Anayde Beiriz e de seu amante, João Dantas, autor do assassinato de João Pessoa, estopim da revolta armada de 1930. Aqui uma torção no roteiro não pode passar sem registro: a narrativa sobre o romance entre Anayde, poeta erótica, de comportamento livre e transgressor, e João Dantas, afilhado político do principal dirigente do Partido Republicano da Paraíba, desloca o foco do herói mítico João Dantas para a poeta e sugere que a motivação política e revolucionária do assassinato de João Pessoa, na realidade, mostrava apenas um teor passional.[90] Essa inflexão rendeu muita indignação e discussões. João Pessoa Neto, suplente de deputado federal do PDS pela Paraíba, ao falar sobre o filme, referiu-se a Anayde como "vagabunda", a João Dantas como "tarado sexual" e a Tizuka Yamasaki como uma "pobre nissei desinformada sobre a história do Brasil e vítima de um mar de calúnias".[91] Nessa mesma matéria, temos uma resposta de Tizuka: "Não conheço nenhuma visão imparcial da história. Pelo contrário, as versões são, de um modo geral, de uma parcialidade vergonhosa."[92]

Em entrevista a Inês Castilho, Tizuka reforça seu ponto de vista:

---

89   CASTILHO, Inês. "Na câmera, o olhar de Tizuka Yamazaki" (entrevista), *Mulherio*, Rio de Janeiro, jul.-ago. 1983, p. 14-15.

90   CAVALCANTE, Alcilene. "O discurso histórico em *Parahyba mulher macho* (1983): um filme da transição democrática brasileira". XXVII Simpósio Nacional de História, 2013.

91   SCHILD, Suzana. "Paixão e morte na Paraíba dos anos 30 trazem de volta a diretora de 'Gaijin'", *Jornal do Brasil*, Caderno B, Rio de Janeiro, 28 ago. 1983, p. 1.

92   Ibid.

O que eu achei interessante era ser uma coisa desconhecida, porque a história oficial nunca considera os problemas pessoais e isso eu achei um encanto. Depois, é claro, eu já tinha discutido minhas raízes, agora tinha que discutir meu papel de mulher, colocar em público a minha opinião – o que Anayde tentou e não conseguiu.[93]

Outro filme no mesmo diapasão que surgiu com grande impacto em 1985 foi *A hora da estrela*, dirigido por Suzana Amaral. Assim como Tizuka, Suzana se aventurava no longa-metragem já com grande experiência acumulada. Havia estudado cinema e TV na USP, trabalhado na TV Cultura por quinze anos, onde realizou cerca de cinquenta programas de documentários, especiais, filmes, curtas, médias e propagandas em um momento especialmente conturbado no Brasil. Em 1976, iniciou o mestrado em cinema na Universidade de Nova York, que naquele momento formava os novos cineastas de perfil independente. Seu trabalho de mestrado, realizado de 1976 a 1978, foi o filme *Minha vida, nossa luta*, um documentário participativo sobre a organização das mulheres na periferia de São Paulo. Ainda em Nova York, concluiu em 1978 um curso de atuação e direção de filmes, no Actors Studio. Fez várias investidas no documentário social com novas técnicas participativas aprendidas nessa formação no exterior. Diz ela:

Nos Estados Unidos, percebi que os nossos documentários eram velhos, resultado do tempo de câmaras pesadas e do som intransportável. Por isso, tudo era feito e narrado em estúdio. Quando a técnica muda, a estética também muda: as câmaras leves permitiam gravar as vozes das pessoas, permitindo a sua participação.[94]

93 CASTILHO, Inês, op. cit., p. 14.

94 REZENDE, Flavia Amaral et al. "Suzana Amaral: uma vida com o cinema". *Revista do NESEF*, Seção Especial – Entrevista, p. 113-119, Curitiba, jul.-dez. 2018, p. 114.

A hora da estrela também foi resultado de seus estudos no exterior. Admiradora de Clarice Lispector, Suzana descobriu *A hora da estrela* na Biblioteca da Universidade de Nova York:

> Ao ler, saquei que Macabéa é a metáfora do Brasil, pois fora do Brasil você descobre o Brasil. (...) Meus atores não decoram roteiro, apenas leem os livros. Marcélia Cartaxo dormiu noventa dias com a mesma camisola de tecido de saco, sem poder lavá-la, para entrar no espírito da Macabéa. A camisola veio cheia de Paraíba. A atriz ficou segura. Deixa de ser Marcélia para ser Macabéa.[95]

Novamente, a procura da participação e da produção compartilhada em busca da identificação do público com suas personagens. O filme trazia alguns diferenciais interessantes: primeiro a ousadia da escolha da atriz, Marcélia Cartaxo, um nome desconhecido, vinda do grupo Terra da Paraíba, para representar a protagonista da trama. Um risco assumido junto com a composição da equipe majoritariamente feminina, pouco comum na época. Das 26 pessoas envolvidas na produção, dezesseis eram mulheres. Outra operação que não deve passar despercebida foi a eliminação do narrador masculino, chave na obra de Clarice Lispector, e o giro da narração focado apenas em torno da figura de Macabéa, nordestina, pobre, que sonha em ser estrela de cinema e "que não tem lugar no mundo". Avalia Suzana: "O resultado foi unânime: o público mostrou que todos temos uma Macabéa dentro de nós."[96]

Mesmo com essa particularidade na concepção de roteiro e direção, o fllme de Suzana Amaral não se diferencia muito do cinema de Tizuka Yamasaki. Temos um cinema narrativo, clássico, com ape-

---

95 Ibid.

96 Ibid.

nas leves marcadores das questões de gênero e que representa, com profissionalismo, o novo papel das mulheres no mercado de cinema.

A hora da estrela recebeu muitos prêmios, tanto nacionais quanto internacionais: doze prêmios no Festival de Brasília; o Urso de Prata de melhor atriz, para Marcélia Cartaxo, no Festival de Berlim; prêmio no Festival de Havana; participações e outras premiações em festivais europeus, asiáticos e latino-americanos, além da condecoração com a Ordem do Rio Branco, em 1990, pela contribuição do filme à divulgação do Brasil no exterior.

Gaijin – Os caminhos da liberdade e *A hora da estrela* são os dois filmes feitos por mulheres mais representativos desses novos tempos republicanos.

EPÍLOGO: CINEMA DE MULHERES NA REDEMOCRATIZACÃO

Já longe do impacto dos primeiros momentos do feminismo e dos cerceamentos dos anos de ditadura, o cinema de mulheres passa a mostrar um quadro bem novo, com novas cineastas que se impõem, como Tata Amaral, Tetê Moraes, Lucia Murat e Sandra Werneck. Nesse contexto, os efeitos do processo de redemocratização são sentidos no país, trazendo uma agenda política nova e o aquecimento do terceiro setor, que levou o ativismo político para a arena das ONGs e dos movimentos sociais de base.

Ativista no movimento estudantil secundarista, Tata Amaral já se articulava com partidos e sindicatos e, nos anos 1980, se associou aos movimentos de mulheres.[97] Seus primeiros curtas, de 1986, foram codirigidos com Francisco César Filho e tratavam da liberdade nas telecomunicações: *Queremos as ondas do ar* (1986) e *Mude seu dial: um rádio-clip com as ondas do ar*, ambos vídeos militantes pe-

---

97   Entrevista com Tata Amaral, realizada em junho de 2019.

las rádios piratas. Em seguida, dessa vez com direção solo, realizou *Viver a vida* (1991), um dia na vida de um office boy, e também fez programas sindicais na TV Bandeirantes e o projeto SP Panorâmica 360°, no qual oferecia um dia de câmera e dois de edição para nove cineastas filmarem o Vale do Anhangabaú. Segundo Tata, essa era a geração conhecida como primavera dos curtas, que atuou durante toda a segunda metade dos anos 1980.[98]

Seu primeiro longa, *Um céu de estrelas*, veio bem mais tarde, em 1995, quando o cinema brasileiro começava a se reerguer depois da extinção abrupta da Embrafilme pelo governo Collor. Baseado em um livro do Fernando Bonassi, o filme conta a história de uma jovem cabeleireira impedida pelo ex-noivo de viajar para receber um prêmio. Segundo Tata, sua mente cinematográfica foi moldada pelo filme *Mar de rosas*, de Ana Carolina. *Um céu de estrelas* procura, como na direção mais autoral de Ana Carolina, uma estética própria, com a câmera hiperaproximada e linguagem crua, criando espaços enclausurados, asfixia ou, como disse Amir Labaki, "uma longa descida aos infernos, com uma curva ascendente de tensão com poucos paralelos na produção cinematográfica recente".[99]

Após *Através da janela* (2000) e *Antônia* (2006), Tata dedica-se à realização de documentários e séries e demonstra um interesse particular em abordar a memória política do país.

Outras integrantes dessa primavera foram: Inês Castilho, que fez filmes claramente engajados e feministas como *Mulheres da Boca* (1982), sobre a prostituição na região da Boca do Lixo, em São Paulo, e *Histerias* (1983), uma observação cultural da ideia de histeria atribuída às mulheres;[100] Rita Moreira, que veio dos Estados Unidos e já

98   Ibid.

99   Ibid.

100   Um breve panorama da carreira de Inês Castilho pode ser visto em: https://www.mulheresdocinemabrasileiro.com.br/site/entrevistas_depoimentos/visualiza/213/Ines-Casti-lho. Acesso em: 15 de mar. 2022.

tinha uma militância LGBT lá, fez o filme *Temporada de caça* (1988), sobre os assassinatos crescentes de homossexuais no Brasil, como aconteceu com o diretor de teatro Luís Antônio Martinez Corrêa, irmão de José Celso, aqui no Rio;[101] e Sandra Werneck, que também veio de uma descoberta do feminismo e do "cinema de mulheres" fora do Brasil, na Holanda, onde estudou. Nessa época de transição democrática, Sandra fez vários documentários, como *Ritos de passagem* (1980), um trabalho pioneiro sobre travestis, *Pena prisão* (1984), sobre a vida de mulheres encarceradas no presídio Talavera Bruce, *Geleia geral* (1986), relacionando estado e cultura, e *Damas da noite* (1987), abordando a solidão, sexo e aids na voz de uma pansexual. A carreira de Sandra se consolidou já mais tarde, a partir de 1996, com *Pequeno dicionário amoroso* e, depois, com *Cazuza – o tempo não para* (2004).[102]

São muitos os filmes e vídeos realizados por mulheres, em sua maioria de caráter político, na era pós-Diretas Já. Chamo atenção particularmente para o trabalho de duas cineastas que tiveram grande impacto com filmes que refletem a memória dos anos de chumbo entre nós e o desejo imperioso de criar um novo Brasil. São elas: Tetê Moraes e Lucia Murat, emblemáticas do cinema político ligado à ditadura feito por mulheres. Tetê Moraes traz a marca de ter sido presa, se exilado no Chile e vivido um longo tempo nos Estados Unidos, França e Portugal. Fora do Brasil, dirigiu e produziu vários filmes e documentários para a BBC de Londres e outras TVs europeias.

A estreia de Tetê Moraes no longa-metragem foi em 1987, já de volta ao Brasil, com o premiado *Terra para Rose*, sobre uma sem-terra que participou da primeira grande ocupação de uma terra

---

101   Sobre a carreira de Rita Moreira e um panorama da produção de vídeos feministas dos anos 1970 e 1980, ver NUNES, Alina. *Vídeo popular, arma feminista: narrativas de mulheres nas décadas de 1970 e 1980*. Trabalho de conclusão de curso, Bacharelado em História, Florianópolis, UFSC, 2019, 79p.

102   Entrevista com Sandra Werneck, realizada em janeiro de 2019.

improdutiva, a fazenda Annoni, no Rio Grande do Sul. Rose tornou-se símbolo da luta pela terra, deu à luz o primeiro bebê em acampamento e foi morta em um acidente nunca esclarecido. *Terra para Rose* é um dos mais importantes documentários da década de 1980 e ganhou o prêmio de melhor filme nos festivais de Brasília e Havana.

O segundo filme que marcou o cinema de mulheres pós-ditadura foi *Que bom te ver viva*, dirigido por Lucia Murat em 1989. Lucia teve uma experiência bem mais pesada durante o regime militar, engajando-se na luta armada e integrando o MR-8. Foi presa, ficou encarcerada durante três anos e meio na Vila Militar do Rio de Janeiro e no temido presídio Talavera Bruce, sofreu torturas e fortes pressões físicas e psicológicas. Seu longa é um grande relato da memória desses tempos de prisão, das marcas da ditadura e das histórias de mulheres que ela reencontrou depois da prisão.

É interessante observar as diferenças entre os momentos pré e pós-ditadura militar, articulados a também um segundo momento de institucionalização do feminismo e seus efeitos no cinema de mulheres. Se na primeira fase o impacto do surgimento do feminismo e da abertura de questões e comportamentos aliados ao desafio da livre expressão em tempos de forte censura teve como resposta filmes, em sua maior parte experimentais, e tentativas de definição e/ou relato do território simbólico da experiência de mulheres, em uma segunda fase, pós-ditadura, na qual o feminismo atuou prioritariamente intervindo nas estruturas institucionais, temos claramente um cinema de mulheres engajado politicamente e buscando formas de expressão menos autorais e mais comunicativas, trabalhando com as formas de linguagem mais diretas e clássicas do cinema universal.

OS COLETIVOS DE VÍDEO

Um importante segmento engajado nas lutas feministas foram os coletivos de vídeo dos anos 1980. Segundo Telma Valente,[103] que realizou uma pesquisa muito importante da qual extraio essas informações, desde o início do movimento, as feministas despertaram para as vantagens do vídeo e do formato de depoimento pessoal como base de apoio ao ativismo. A grande relevância desse movimento de ativismo em vídeo, além do apoio estratégico que deu às ações feministas, foi a constituição de um acervo documental de importância vital para a história das lutas feministas nesses anos.

O grupo Lilith, por exemplo, foi o pioneiro na criação de vídeos feministas, cobrindo um grande período da militância. A ele, segue-se o coletivo Comulher. Formado por remanescentes do Lilith, o Comulher era uma versão mais atualizada que passou a abordar as questões mais atuais do movimento. Paralelamente, temos trabalhos realizados por grupos ativistas, cujo foco, diferente do Lilith e do Comulher, não era a produção videográfica, mas questões específicas da militância, como foram o SOS-Corpo, de Recife, que trabalhava em torno da saúde da mulher, e o Geledés, de São Paulo, abordando o caso particular das mulheres negras, ou a Cepia, sobre aids e mulheres. Esses também usavam o vídeo como ferramenta de conscientização e luta.

A volumosa produção do coletivo Lilith tornou-se um precioso acervo do ativismo feminista. São os vídeos: *Os direitos da mulher trabalhadora: Avançando* (1984); *A saúde da mulher trabalhadora* (1984); *Brilho Profana: Casa da Mulher do Grajaú* (1985); *III Encontro Feminista Latino-Americano e do Caribe* (1985); *Contrário ao amor* (1986); *Constituinte, Alerta Mulher* (1986); *Creches* (1986);

---

103   VALENTE, Telma. *Olhar feminino: Uma década de produção viodeográfica feminista no Brasil – 1983/1993*. Dissertação de mestrado, Instituto de Artes, Campinas, Unicamp, 1995.

Mulheres no canavial (1986); *Mulheres negras* (1986); *A saúde da mulher em debate* (1986); *Saúde: uma questão de vida* (1986); *Feminino plural* (1987); *I Vídeo Mulher* (1987); *Beijo na boca* (1987); *Norplant?* (1986); *Coletivo Feminista Sexualidade e Saúde* (1987); *Bruxas e curandeiras* (1987); *Meninas* (1989).

Já os vídeos produzidos pelo Comulher incluem: *Prendas domésticas* (1983); *Fazendo fita* (1985); *Um novo jeito* (1986); *Saúde: uma questão de vida* (1986); *Cocina de imágenes* (1987); *Axé* (1988); *A cor do sexo* (1988); *I Encontro de Mulheres Negras da Baixada Santista* (1989); *Grafite, arte urbana* (1989); *Preta carroceira* (1989); *100 anos depois* (1989); *8 de Março: Dia Internacional da Mulher* (1989); *Tribunal Winnie Mandela* (1989); *Missa fêmea* (1990); *Memória de mulheres* (1992); *Todos os dias são seus* (1992); *Mão na massa* (1992).

Alguns desses vídeos tiveram espaço em emissoras de TV, como foi o caso do programa *Feminino Plural*, uma realização da Lilith Vídeo e do Conselho Estadual da Condição Feminina, em 1987, transmitido pela Fundação Padre Anchieta e mais dezessete TVs educativas em todo o país.[104]

A *I Vídeo Mulher: Mostra competitiva de vídeos sobre mulheres* aconteceu em 1987 e foi promovida pelo Conselho Nacional dos Direitos da Mulher (CNDM), órgão que havia sido criado havia apenas dois anos, fruto da intensa reivindicação por participação feita pelo movimento feminista em pleno processo de abertura política. Esse evento é hoje considerado o primeiro festival de vídeo feito por mulheres no Brasil. A cineasta Maria Angélica Lemos o definiu, na época, por meio das seguintes palavras:

> Nessas produções foi mostrada a mulher de carne e osso. Aquela que fala sobre sua saúde e sua sexualidade, que registra seus movimentos, suas lutas, expressa suas opiniões políticas, pessoais

104 Ibid.

e ainda arrisca umas previsões; que questiona os valores sociais impostos, os estereótipos e os preconceitos raciais e sexuais, planta o trigo, amassa o pão e come a boia fria, faz arte, sofre violências, realiza seu trabalho, seu ganha-pão, em casa e/ou na rua, com ou sem filhos, construindo e expondo sua identidade.[105]

Esse discurso, que integra o catálogo do festival, tenta atribuir um sentido popular ao evento, por meio de uma linguagem mais próxima da militância, que caracterizava alguns movimentos de mulheres mais expressivos no Brasil da década de 1980.

O que minhas amigas Branca Moreira Alves e Jacqueline Pitanguy marcam em seu livro *Feminismo no Brasil: memórias de quem fez acontecer*, como um ponto de inflexão no movimento feminista, a atuação vitoriosa das mulheres na Constituinte de 1988, foi exatamente o ponto em que cinema e ativismo se deram as mãos.

---

105 VALENTE, Telma, op. cit., p. 34.

ENFRENTANDO A MPB

PEDINDO PASSAGEM

Para falar de feminismo ou mesmo de mulheres na música brasileira, não é possível fugir do senso comum que nos sugere uma cronologia quase compulsória. Temos que voltar dois séculos e recuperar a figura de Chiquinha Gonzaga, autora de cerca de duas mil composições de polcas, valsas, operetas, tangos, maxixes e cançonetas, como "Ô abre alas" – a primeira composição criada para o Carnaval, gênero mais tarde chamado de marcha-rancho –, e a primeira mulher a reger uma orquestra no Brasil.

Chiquinha se casou, teve três filhos, abandonou o casamento, apaixonou-se de novo, enfrentou um novo casamento e engravidou de sua quarta filha, Alice, o que não a impediu de separar-se novamente. Aos 51 anos, apaixonou-se por João Batista Fernandes Lage, de dezesseis, e, para arrefecer o escândalo que tomou conta do caso, não hesitou em adotá-lo como filho e com ele viveu feliz até a morte. Essa foi a vida sentimental de Chiquinha – não menos intensa do que a profissional, também marcada pela ousadia e pelo comportamento fora da norma que demonstrava nas rodas de lundu, de umbigada, na boemia e nos bares onde fazia música com um cigarro na mão e vestida bem longe do que ditava a moda da época. Envolveu-se com política, militando em prol da abolição da escravização e pelo fim da monarquia, e foi também pioneira na luta pelos direitos autorais, sendo a única mulher entre os treze signatários da ata de fundação da Sociedade Brasileira de Autores Teatrais (SBAT), em 1917.

Menciono Chiquinha Gonzaga, tão longe da história que quero contar, quase que como um ritual para "pedir passagem" e falar sobre mulheres na música. Ouvi, um tempo atrás, de Nelsinho Motta, a seguinte declaração: "Todas as compositoras brasileiras são filhas de Chiquinha Gonzaga." E o motivo, conta ele, é porque a música brasileira, até os anos 1960, foi completamente dominada por homens, reservando às mulheres apenas o papel de intérpretes de ideias, desejos e medos masculinos. E nesse ponto Nelsinho lembra uma célebre briga de Dalva de Oliveira e Herivelto Martins, no fim dos anos 1940. Ela era uma grande cantora e ele, um grande compositor. Fizeram sucesso juntos, brigaram, e começou assim uma disputa através da música. Herivelto escrevia, cantava e Dalva pedia as réplicas e tréplicas a outros compositores, porque a ela, apesar de dona de uma interpretação arrasadora e autoral, não era permitido compor. A história da música é severa mesmo com as mulheres cantoras, que só vão despontar depois dos anos 1920. Até então o que havia eram apenas algumas atrizes do teatro musicado que, às vezes, gravavam.[106]

Assim, surgiram inúmeras intérpretes disputadíssimas pelos compositores, mas era só. Havia um consenso comercial nas indústrias fonográficas de que "mulher compositora não vende disco", e mais: que as próprias mulheres só compram discos de homens. Esse quadro começa a mudar apenas com a geração contemporânea ao feminismo, nos anos 1960. Entretanto, como em toda regra, as exceções não resistem a uma pesquisa mais apurada.

---

106   Entrevista com Nelson Motta, realizada em 7 de outubro de 2020.

Segundo Ana Carolina Arruda de Toledo Murgel, autora do artigo "A canção no feminino, Brasil, século XX", entre as décadas de 1920 e 1950, ao contrário do que é geralmente registrado, existiram, sim, compositoras brasileiras. Mencionando apenas alguns nomes, temos: Marília Batista, autora de sambas de breque gravados nos anos 1930; Carmen Miranda, com duas composições gravadas também nos anos 1930; Dilú Mello, que atuou nos anos 1940 e foi autora do clássico "Fiz a cama na varanda"; e Lina Pesce já estava atuante no fim dos anos 1920 até o fim dos anos 1960, com mais de cem músicas gravadas. E ainda temos os nomes de Babi de Oliveira, Juracy Silveira, Zica Bérgami, Edvina de Andrade, Almira Castilho, entre outras. Todas devidamente não registradas como compositoras nos compêndios da nossa música popular.

Outro caso interessante é o de Tia Ciata. Em sua casa, considerada o reduto do samba, nasceu a primeira composição do gênero a fazer sucesso no país. A autoria do samba "Pelo telefone" (1916) foi creditada a Donga e Mauro de Almeida, mas já existem alguns estudos que apontam que essa autoria pode ter sido coletiva, contando também com a participação de Tia Ciata.

Na área do samba, poucas compositoras surgiram no cenário musical até a década de 1960, e Dona Ivone Lara foi a maior delas. Bem jovem, começou a frequentar a escola de samba Prazer da Serrinha, onde compôs seus primeiros sambas e partidos-altos para a agremiação. Dona Ivone, conhecida mais tarde como a Ella Fitzgerald do samba, teve que lançar mão de artifícios e apresentar suas composições com o pseudônimo de Fuleiro, na verdade nome de seu primo, porque não seriam aceitas na escola se a autoria fosse de uma mulher. O fato de ser a primeira mulher a assinar a composição de um samba-enredo, "Cinco bailes da história do Rio", para o Império Serrano em 1965, não fez Dona Ivone Lara alcançar sucesso imediato. Mesmo com seu enorme talento de cantora, compositora e instrumentista, Ivone só seria reconhecida cerca de dez anos depois, em 1977, quando foi gravada por outros artistas, como Clara Nunes, Maria Bethânia, Gal Costa, Paulinho da Viola e Beth Carvalho.

O MAL SEM NOME

Neste texto, sinto que estou insistindo muito sobre os limites sofridos pelas compositoras do momento do pós-guerra. Acho importante então dar uma rápida contextualizada na condição das mulheres, em especial nos anos 1950, quando se iniciam as gravações de Maysa e Dolores Duran no período do samba-canção. O pós-guerra foi bastante decisivo no comportamento e no estilo de vida das mulheres, em função da revolução na infraestrutura do trabalho doméstico naquele período. Com a chegada dos eletrodomésticos, comidas em lata e materiais de limpeza industrializados, não poderia deixar de surgir também um novo modelo de rainha do lar. Essa mudança fez despontar, especialmente na publicidade, a imagem da mulher moderna, emancipada do peso do trabalho no lar, livre para ser bela, estudar, se profissionalizar. Era a mulher diagnosticada por Betty Friedan como aquela que tem todas as condições para se emancipar, se declara feliz, mas mesmo assim é portadora de um "mal sem nome", uma insatisfação intensa, ainda que não localizada; um enorme desconforto com aquilo "que lhe deveria ser inato", a maternidade, o casamento, a dedicação inquestionável. Esse "mal sem nome" de que Betty Friedan tratou – como já visto – me parece procurar tradução nas rimas e entrelinhas do nosso samba-canção, sobretudo nas interpretações de Dolores Duran e Maysa, como veremos daqui a pouco.

Naquele momento, vivíamos a Era do Rádio, quando surgiram grandes intérpretes, conhecidas como as "rainhas do rádio". Eram elas Linda Batista, Marlene, Dalva de Oliveira, Emilinha Borba, que, provavelmente sem perceber, emprestavam suas vozes para difundir canções contraditórias, muitas vezes preconceituosas e depreciativas com relação à imagem da mulher.

É nesse contexto que Dolores Duran se apresenta como um grande talento, mas trazendo o diferencial de se afirmar como compositora num meio marcadamente masculino. Descoberta no programa de calouros de Ary Barroso, Dolores começa a compor em 1950, e sua primeira composição foi "Se é por falta de adeus", em parceria com Tom Jobim, que também estava iniciando a carreira de compositor. Diz Tom sobre Dolores:

> **Dolores compunha os versos, mas não conhecia música. Entretanto, suas melodias eram sempre as mais belas, e se enquadravam perfeitamente às letras, numa harmonia extraordinária. Depois de escrever os versos, os musicava e guardava as melodias na memória, para mais tarde cantarolá-las, a fim de que o seu parceiro as pudesse escrever.[107]**

Universo perfeito para a leva do samba-canção, onde a rima de "amor" com "dor" era a dominante. Dolores, que tinha problemas cardíacos e uma vida de intensa boemia, morreu muito cedo, em 1959, aos 29 anos de idade. Ainda assim, teve tempo para criar, além de seus sucessos no samba-canção, xotes, baiões e sambas, num total de quarenta canções. Pouquíssimos de seus grandes sucessos, como "Fim de caso", "Por causa de você", "Solidão", "Não me culpe", "Minha toada" e "A noite do meu bem", foram gravados em vida. A justiça foi feita apenas em março de 1970, com a encenação no Teatro Casa Grande, no Rio de Janeiro, do musical *Brasileiro profissão esperança*, com texto de Paulo Pontes e direção de Bibi Ferreira, somente

---

107 FAOUR, Rodrigo. *Dolores Duran: a noite e as canções de uma mulher fascinante.* São Paulo: Record, 2012.

com músicas de Dolores Duran e Antônio Maria. Nessa montagem, Maria Bethânia fazia o papel de Dolores Duran e Ítalo Rossi interpretava Antônio Maria.

Maysa, ao contrário de Dolores Duran, vinha de uma abastada família de políticos capixabas. Ainda no fim dos anos 1940, já morando em São Paulo, Maysa escandalizava ao usar calças jeans e camisas de homem amarradas na cintura. Aos dezessete anos, casou-se com André Matarazzo, membro de uma das famílias mais ricas de São Paulo. Entediada, retomou o gosto de cantar e compor que alimentou sua adolescência. Logo ficou evidente a profunda incompatibilidade entre a vida de dona de casa e a de cantora na noite paulista. A separação de André Matarazzo, ainda que previsível, tornou-se um grande escândalo. A imagem pública de Maysa sofreu muito com a separação e se refletiu na sua música, no alcoolismo e em várias tentativas de suicídio. Mas, determinada, ela preferiu mostrar que não ia ceder à pressão contra sua escolha de vida e gravou "Resposta": "Ninguém pode calar dentro em mim/ Esta chama que não vai passar/ É mais forte que eu", declarava logo em seu primeiro disco.[108]

Não eram apenas a busca incessante de amor e uma espécie de claustrofobia trazida pela solidão e pela fossa que suas canções traduziam que provocaram de imediato a empatia das mulheres. Havia também em Maysa certa visão divergente sobre os relacionamentos, na qual a mulher, cansada de sofrer humilhações e traições, resolvia dar fim a um romance sem que para isso sua vida terminasse também. O resultado foi que seus álbuns se tornaram campeões de vendas, e já em 1958 ela era a melhor e mais bem paga cantora do Brasil. Seu maior sucesso foi "Meu mundo caiu", o melhor exemplo de reversão da condição de vítima, para a construção de uma nova posição da mulher no amor, mais in-

108 MAYSA. *Convite para ouvir Maysa*, 1956.

dependente e propositiva: "Se meu mundo caiu/ Eu que aprenda a levantar."[109]

Ainda que o samba-canção seja o grande gênero musical das composições de Maysa, sua música já refletia certa influência da bossa nova, que aparecia em 1958, com o compacto de João Gilberto, contendo "Chega de saudade", de Tom Jobim e Vinicius de Moraes, e "Bim bom", do próprio cantor. Maysa morreu aos 41 anos, em janeiro de 1977, num trágico acidente na ponte Rio-Niterói.

BOSSA NOVA: COMPOSITORA NÃO ENTRA

O samba-canção entrou em declínio no fim dos anos 1950, abrindo espaço para a bossa nova, onde não se encontravam mulheres compositoras, apenas grandes intérpretes como Sylvia Telles, Nara Leão, Leny Andrade, Doris Monteiro, Alaíde Costa, Claudette Soares, Astrud Gilberto, Wanda Sá. Destas, as que mais se destacaram foram Sylvia Telles, considerada a voz mais moderna da bossa nova e, portanto, adotada por todos os compositores, como Tom Jobim, Johnny Alf, Tito Madi e muitos outros; e Nara Leão, por uma surpreendente independência técnica e interpretativa que a consagraram como a musa do movimento.

A bossa nova foi uma revolução em termos musicais, e sua importância se mantém até hoje. No entanto, por mais revolucionária que tenha sido, não abriu espaço para a composição feminina. A música brasileira continuava patrimônio dos compositores homens.

Esse cenário só começou a ser abalado no período imediatamente após o golpe militar de 1964, quando a esquerda reconheceu o território da cultura como um ambiente político estratégico e passou a criar linguagens cifradas, mobilizações e circuitos culturais

---

109   MAYSA. *Convite para ouvir Maysa n° 2*, 1958.

de comunicação. A radicalização político-cultural pós-64 começou a dividir a bossa nova, então interpelada com exigências de maior engajamento da cultura.

Em dezembro de 1964, o show *Opinião*, dirigido por Augusto Boal, fez um inesperado sucesso, criando uma legião de fãs que assistiam ao espetáculo seguidas vezes, quase como um ritual de encontro, e o tom da juventude pós-golpe se definiu de forma irreversível. O *Opinião* colocava em cena Nara Leão, representante da bossa nova, ao lado de Zé Keti, interpretando o malandro carioca, e de João do Vale, no papel do imigrante nordestino. A voz do poeta Ferreira Gullar fazia-se ouvir em *off*, fornecendo estatísticas sobre a fome no Brasil. Em um determinado momento, explodia em cena o grito "Carcará, pega, mata e come", um brado de indignação contra a miséria e a desigualdade social.

Assim, a bossa nova agora se rendia à nova MPB, música popular brasileira protagonizada pela juventude de esquerda que se colocava, no show, claramente em oposição à ditadura militar. O perfil da MPB não abandonava de todo as conquistas da bossa nova, mas assumia um compromisso com a narrativa social, e músicas sobre retirantes, favelados, pescadores tornam-se quase obrigatórias.

Ao contrário da bossa nova, a MPB buscava se aproximar mais do samba do que do jazz. O grande evento nesse sentido foi o sucesso histórico do show *Rosa de ouro*, em março de 1965, criado e dirigido por Hermínio Bello de Carvalho, com Paulinho da Viola, Elton Medeiros, Clementina de Jesus, Araci Cortes, Anescarzinho do Salgueiro, Jair do Cavaquinho e Nelson Sargento. Clementina, ex-empregada doméstica, ganha notoriedade aos 64 anos, com uma voz potente e rascante, além do ineditismo do repertório com temas de raízes afro-brasileiras. Com um estilo de interpretação único, Clementina traz, pela primeira vez na nossa música, o poder da ancestralidade negra e se coloca como o elo perdido entre a moderna cultura negra brasileira e a África mãe.

O território da música começa a se abrir para as mulheres. A chegada da MPB, a formação de uma cultura jovem e engajada politicamente, o movimento feminista em franca ascensão, tudo parecia favorecer a entrada das mulheres nessa seara proibida, o mercado da música.

A MPB

Vemos, portanto, que a MPB nasce respondendo à atmosfera pesada do golpe militar de 1964. Havia o sentimento de que a bossa nova não dava mais conta da experiência jovem daquele momento. O novo cenário histórico-político reclamava discussões e posicionamentos acerca de quase tudo, e a música se oferecia como linguagem possível para isso. As artistas e os artistas do país, especialmente no âmbito da MPB, assumiam o papel de pensadoras e pensadores da nossa sociedade. A MPB, assim como as demais artes públicas, integrava-se aos meios estudantis, o centro da oposição jovem, fosse através de festivais de música ou em shows no circuito universitário. O artista engajado era a grande personagem da cultura naquela hora.

MEU SAMBA EU CANTO ASSIM

A cantora Elis Regina encarnou na perfeição essa personagem engajada. Isso pode ser visto na produção do programa *O fino da bossa*, comandado por Elis e Jair Rodrigues, que permaneceu no ar entre 1965 e 1967. O programa tinha um repertório cheio de canções de protesto, de esquerda, e trouxe o samba de vez para a TV. A MPB procurava um diferencial para tomar o lugar da bossa nova e elegeu para isso o "nacional moderno". A outra corrente do momento, a

Jovem Guarda, liderada por Roberto Carlos, Erasmo Carlos e Wanderléa, era percebida como um rock alienado e, portanto, o oposto do que se queria representar com a MPB.

Além de ser responsável pelo que ficou conhecido como o manifesto de lançamento da MPB, o álbum *Samba: eu canto assim*, de 1965, Elis se profissionalizou, investindo na potência e na dramaticidade de sua voz e expandindo sua técnica corporal por meio das aulas com Lennie Dale, famoso dançarino americano. Ou seja, Elis lançou mão de todos os recursos técnicos vocais, corporais, dramáticos e emocionais para uma carreira única no momento mesmo de invenção da MPB. Momento que, além de tudo isso, pedia engajamento e consciência política no fazer artístico.

Elis Regina e a política pós-1964 são um capítulo à parte. Desde o início dos anos 1970, a cantora foi atraída pelo movimento dos estudantes de centros acadêmicos universitários, que tinham como política levar a música popular de resistência para os teatros. Em 1973, a cantora fez seu primeiro circuito universitário, de ônibus, pelo interior de São Paulo, do Paraná e de Santa Catarina. Foram 39 shows em 45 dias, todos organizados pelos centros acadêmicos das faculdades. Diz ela:

> O Circuito Universitário foi a melhor coisa que fiz na minha vida. Sabe lá o que é você cantar para gente que sai de casa exclusivamente para te ouvir? Nós entrávamos na cidade em nosso ônibus e uma faixa pendurada na carroceria: *Elis Regina e sua gente saúdam e pedem passagem*, como se fôssemos um circo. Alugávamos um cinema, um auditório ou um ginásio e dávamos uma festa. Uma festa que era assistida por duas mil pessoas. Uma festa linda, alegre. Eu era a festeira. As pessoas se reuniam, cantavam juntas e batiam palmas para elas mesmas. Eu apenas alugava o lugar, punha as bandeirinhas, levava a música e os músicos, fazia os anúncios, providenciava o palco e o som. O resto era por conta

deles. Moçada, foi a coisa mais sensacional de toda a minha vida artística.[110]

Esse contato com o público mais popular só exacerbou sua vontade de participação política, o que faria durante toda a carreira. Assim, Elis comprou, sem nenhuma timidez ou hesitação, a função de cantora de resistência.

O fato é que Elis Regina surgia em cena, aos vinte anos de idade, no exato momento do aparecimento da MBP. A nossa historiografia musical a define como a primeira intérprete que ousou desafiar o banquinho e o violão de João Gilberto – ou seja, a bossa nova – com sua voz forte e performática. Não é de outra coisa que fala seu primeiro LP individual, de 1965, *Samba: eu canto assim*. Trata-se do começo da MPB, da música política, dramatizada, dos Festivais da Canção.

Foi em 1964, poucos dias depois do golpe militar, que Elis Regina desembarcou no Rio, de olho nos Festivais da Canção. Em menos de uma semana, seu primeiro contrato com a TV Rio já estava assinado, e poucos dias depois, em 10 de abril, ela recebia o prêmio Roquette Pinto de melhor cantora daquele ano. Mais um mês e no dia 19 de maio estreou na TV Record o programa *O fino da bossa*, comandado por ela e Jair Rodrigues. *O fino da bossa* não foi qualquer programa de TV. Por lá passaram praticamente todos os artistas da primeira geração pós-bossa nova, uma geração talentosa que, pelas mãos de Elis, sua maior representante, ocupava o espaço da televisão de alcance nacional. São inúmeros os músicos lançados no programa por Elis. *O fino da bossa* rapidamente se tornou um espaço estratégico no qual se produziam músicas de protesto velado contra o regime militar instaurado um ano antes. Assim, 1964 foi um ano de agenda lotada, com apresentações no eixo Rio-São Paulo e, em 1965, Elis

---

110 Ver: https://www.facebook.com/analisandoelisregina/photos/elis-regina-e-o-circuito-universit%C3%A1rio-1973foi-a-maior-coisa-que-fiz-na-minha-vi/955508867826672/ Acesso em: 15 de mar. 2022.

venceu o I Festival de Música Popular Brasileira interpretando "Arrastão", de Edu Lobo e Vinicius de Moraes. Era o fim de um ciclo, e a cantora dava adeus à bossa nova. De peruca preta, vestido tubinho, braços abertos girando feito hélices de helicóptero e a voz atlética, solta com força, gana, vontade de vencer. Primeiro lugar. Sucesso.

No ano seguinte, entre álbuns, apresentações e prêmios, Elis já era a cantora mais bem paga do Brasil, aos 21 anos de idade. Em janeiro de 1966, viajou para o exterior, onde fez shows em Lisboa e Luanda com Jair Rodrigues e o Zimbo Trio. No dia 2 de abril de 1970, grávida de sete meses, estreou no Canecão um show dirigido por Miele e Ronaldo Bôscoli, com músicas de Caetano Veloso e Gilberto Gil, feitas especialmente para ela e enviadas de Londres, onde ambos estavam exilados. Em janeiro de 1971, Elis assinou contrato com a TV Globo, onde dividiu com Ivan Lins o comando do programa *Som Livre exportação*.

Elis não parava. No dia 1º de março de 1972, estreou o show *É Elis*, novamente com direção de Miele e Ronaldo Bôscoli, no Teatro da Praia, no Rio de Janeiro. Em fevereiro de 1974, gravou o disco *Elis & Tom*, nos estúdios da MGM em Los Angeles.

Apresentei esse primeiro panorama condensado para mostrar como em tão pouco tempo Elis Regina se tornou um dos monumentos da música popular brasileira, e definiu a passagem da bossa nova para a MPB com sua forma de interpretação muito própria, teatral e afirmativa.

POR QUE ELIS?

Meu objetivo aqui é mostrar a entrada das compositoras brasileiras no universo da nossa música, onde era interditada a presença de mulheres, havendo, na história, pouquíssimas excessões que conseguiram furar esse bloqueio. Ora, Elis não era compositora, mas intérprete. Sua presença aqui vem, no entanto, em função do papel que exerceu na própria criação da MPB, seu engajamento, seu feminismo explícito, coisa rara naquele momento; além de ser unânime seu papel de coautora, na medida em que interferia nas canções de repertório através de mudanças que fazia nas melodias ou letras, através de sua interpretação. Assim peço licença para que Elis suba aqui ao panteão das compositoras do período inicial do feminismo entre nós.

Não vou, portanto, dar conta de sua carreira, nem comentar todos os seus discos, programas de TV, participações em festivais nem a sua forte presença no mercado internacional. O que me interessa aqui é me ater a quatro shows de Elis, para mostrar o grau de sua participação e liderança no movimento da música nos anos de chumbo. É importante sublinhar a forma assumida por ela, até então apenas intérprete, na produção de seus shows, que assumiam características bastante atípicas no universo musical. Eram apresentações pensadas dramaticamente, onde a música era um elemento disparador para dramaturgias, performances, recursos circenses, a partir de roteiros explicitamente narrativos nos quais não escapavam manifestações políticas e bandeiras de liberdade. Além da música, Elis criou um formato novo para dizer o que queria e registrar sua revolta.

SHOW, ESPETÁCULOS OU CIRCOS?

Estamos em 1975 – o ano inaugural da década internacional das mulheres, criada pela ONU para promover políticas de igualdade de gênero. Não foi à toa que, em todas as áreas da produção cultural e artística, as mulheres começaram a dar os primeiros passos em direção à disputa de mercado e visibilidade com os artistas homens que historicamente as confinavam em posições secundárias – nesse caso da música, na posição de intérprete.

Era nesse momento que Elis, já reconhecida e premiadíssima como uma das mais importantes cantoras do país, com trinta anos, dois filhos e dezoito LPs, entrava na produção de espetáculos e estreava *Falso brilhante*, em 17 de dezembro de 1975, sob direção cênica de Myriam Muniz e direção musical de César Camargo Mariano. Lembrando o formato circense das caravanas estudantis de que tanto gostava, Elis a princípio havia concebido *Falso brilhante* para estrear num circo. Como isso se revelou impossível, o espetáculo migrou para o Teatro Bandeirantes, em São Paulo, dos poucos que apresentavam as condições de produção e cenografia que o espetáculo exigia. Mesmo no teatro, o espírito circense conseguiu dominar o visual e o clima do palco e da plateia. A cantora apostava num estilo novo, teatral, que Maria Bethânia havia inaugurado com sucesso anos antes, no espetáculo *Rosa dos ventos*, sob direção de Fauzi Arap.

Falso brilhante narra a história de uma artista popular de sucesso por meio do questionamento de sua trajetória gloriosa. Referências e subentendidos desenham o contexto desse percurso. A cenografia, de Naum Alves de Souza, é inquieta, de alta mobilidade, e surpreende tanto quanto a música de abertura, *O Guarani*, de Carlos Gomes, uma melodia familiar aos ouvidos do país, soando todos os dias às dezenove horas como vinheta do programa do governo *A hora do Brasil*. De costas, Elis exibe grandes asas brilhantes, como as de uma borboleta. Terminada a execução dessa introdução, a cantora se vira para o público. Porta uma peruca de cabelos lisos e franja, e vestido colorido e brilhante. Começa a cantar alguns trechos da ópera *O Guarani*. O espetáculo traz ainda um fantástico mix de clássicos da música brasileira e internacional: "Olhos verdes", "Singin' in the rain", "Volare (nel blu dipinto di blu)", "Hymne à L'amour", "La puerta", "Gira, gira", "Diz que tem", "Canta Brasil" e "Aquarela do Brasil". Mais de quarenta interpretações, mesclando Ary Barroso e Belchior, Violeta Parra, Édith Piaf e Carmen Miranda.

No palco, o Brasil é celebrado como lar feliz, não fosse a interpretação de Elis cheia de risos e ironias. A exaltação da pátria amada então se inverte, transformando-se em uma grande "palhaçada". O país paradisíaco esvai-se na voz grave e de rara intensidade de sua intérprete.

Falso brilhante foi recordista de bilheteria e também em número de apresentações entre 1975 e 1977, somando 257 espetáculos e cerca de 280 mil espectadores, além de ter sido escolhido o melhor show pela Associação Paulista dos Críticos de Arte, em março de 1976. O espetáculo tornou-se a trilha sonora do período da abertura política do país, e a canção "Como nossos pais", o símbolo da luta contra a ditadura. A imagem de Elis Regina como cantora de resistência estava definitivamente consagrada.

É interessante registrar que, em meio a tanta consagração, Elis começou a dar sinais de engajamento com as questões feministas e financiou o primeiro número do jornal *Nós mulheres*, publicado pela Associação de Mulheres de São Paulo. Um engajamento que ia se manifestar daí para a frente em várias entrevistas na imprensa.

No mesmo ano de 1977, em que se encerraram as apresentações de *Falso brilhante* e nasceu sua filha Maria Rita, entrou em cena um novo show de Elis, *Transversal do tempo*, sob direção de Aldir Blanc e Maurício Tapajós. Não há mais o clima de festa e as cores. Em ambiente mais sombrio, Elis Regina apresenta um espetáculo questionador em que pergunta: "Que país é este?" *Transversal do tempo* é isso: o impasse que vivem os artistas e os resultados desse impasse. O tom de todo o espetáculo é de denúncia e conclama os artistas a escolherem seus repertórios para alertar e denunciar o momento político. O repertório fala de cidades, operários, pivetes, pobreza, pessoas sem-teto, mal-estar. Na letra da canção-título, Elis se vale dos agudos, fazendo com que sua potência vocal reverbere indignação em relação ao desrespeito que marcava o cotidiano das cidades e do país. O espetáculo chegou a ser chamado de panfletário na época e viajou pelo Brasil e pelo exterior.

O repertório de *Transversal do tempo* foi a grande inspiração para as canções de protesto pós-AI-5. "O bêbado e a equilibrista", composição de João Bosco e Aldir Blanc, que exaltava aqueles que resistiram à ditadura, através da interpretação de alta voltagem que só a expertise técnica de Elis alcançava, tornou-se o hino oficial da Anistia. É claro que os olhos da ditadura se voltaram para a cantora e para sua aproximação com o movimento dos metalúrgicos. Em março de 1980, um terceiro show de Elis Regina, *Saudade do Brasil*, estreou no Canecão. A artista continuava firme em seu confronto com a ditadura militar. Dessa vez o repertório escolhido primava pelo enquadramento de canções que traziam a saudade dos tempos de liberdade e da falta de medo. Segundo a própria Elis, tratava-se de um antishow, impregnado de realidade. Os bailarinos e os músicos não eram profissionais. Todos eram filhos de operários do ABC, que pisavam no palco pela primeira vez e traziam imagens de um povo pobre e mal alimentado.

No dia 22 de julho de 1981, Elis estreou um novo show no Canecão paulista, *Trem azul*, o último de sua carreira. Esse último espetáculo, ironicamente montado seis meses antes de sua morte, falava do futuro, de viagem, dos caminhos a serem tomados num novo horizonte político. Embarcar nesse trem era uma forma de embarcar na história. Tecnicamente, foi em *Trem azul* que Elis foi mais longe, onde desafiou seus próprios limites vocais e performáticos, expressando acima de tudo um momento que anunciava a liberdade política e pessoal. Foi nesse impulso que surgiu seu diálogo com Rita Lee, que atravessava todo o show. Não apenas na canção "Alô, alô, marciano", incluída no repertório, mas também pela postura sensual e debochada de palco. Elis dava seus primeiros passos em direção à política comportamental, na época carregada por seus colegas tropicalistas.

ELIS E OS MILITARES

Com sua postura provocativa, Elis Regina era uma grande pedra no sapato da ditadura militar, a quem criticava abertamente nos seus shows-espetáculos. Basta lembrar cenas fortíssimas como a de *Falso brilhante* em que fica ajoelhada e presa a uma barra como se estivesse sendo torturada e canta "Agnus sei", de João Bosco e Aldir Blanc. Tema da canção: não era só com música e livros que a ditadura seria vencida ("Ah, como é difícil tornar-se herói/ Só quem tentou sabe como dói/ Vencer satã só com orações"). Ou a famosa entrevista que deu à revista holandesa *Tros-Nederland*, em 1969, sob o título "A primavera impetuosa de Elis Regina", com fortes comentários sobre as ações dos militares no Brasil e onde afirmou que o Brasil era "governado por gorilas". Na ocasião, a embaixada brasileira mandou uma cópia da declaração ao Serviço Nacional de Inteligência (SNI), o que levou Elis a um interrogatório quando de seu retorno ao Brasil após uma turnê na Europa, em novembro de 1971. Nesse interrogatório, negou qualquer vínculo político-ideológico e teve de escrever de próprio punho um depoimento negando qualquer envolvimento político e afirmando não ter recebido, durante a entrevista concedida na Holanda, qualquer pergunta sobre Cuba ou outro assunto político relacionado ao Brasil.

De acordo com a própria Elis, em depoimento a sua biógrafa Regina Echeverria, em razão desse caso ela teria sido obrigada a cantar nas Olimpíadas do Exército de 1972. Ainda segundo Echeverria, outro agravante que a levou às Olimpíadas foi o fato de ter se recusado a cantar "Veleiro" como música de fundo de uma propaganda da autonomia decisória da política exterior brasileira do general Garrastazu Médici, no evento que anunciava a mais recente conquista dos militares, a adoção das duzentas milhas marítimas de mar territorial brasileiro. Diz Elis, nessa entrevista rara:

Primeiro que eu não ia fazer propaganda pras duzentas milhas, porque eu achava isso nada a ver. Segundo que eu não ia usar uma música do Edu [Lobo] e do Ruy [Guerra] pra fazer um negócio desses, sem a autorização deles, e com a certeza de que eles pensavam igual a mim. (...) Uma semana depois o Armando Nogueira me falou 'vão te buscar, acho melhor você ir (cantar nas Olimpíadas), você tá interditada em todo o território nacional'. Aí eu fui, né? Conversamos durante umas cinco horas, eram umas quatro pessoas, não sei os nomes... coronel fulano de tal, major fulano de tal... e eu tive que 'pagar pedágio'.

Ironicamente, por isso, essa mesma Elis engajada e militante foi massacrada pela imprensa de esquerda e simpatizantes. Henfil chegou a sepultá-la no "cemitério dos mortos-vivos".

Elis Regina participou de uma série de movimentos de renovação política e cultural brasileira, com voz ativa da campanha pela Anistia de exilados brasileiros. O despertar de uma postura artística engajada e com excelente repercussão acompanharia toda a sua carreira. A atuação política continuou a ser ampla. Além da militância pela música, das articulações com o movimento estudantil e sindicatos operários, Elis encabeçou a luta pelos direitos dos músicos brasileiros, fundando, em fevereiro de 1978, a Assim, Associação de Intérpretes e Músicos, a qual também presidiu.

ELIS E O FEMINISMO

Elis Regina construiu com muita clareza sua imagem de cantora competente, ousada, dona de um estilo e opiniões próprias e sobretudo independente. Outro ponto que a diferenciou foi a ousadia de coautorar, com total controle de sua técnica vocal e corporal, as canções que escolheu interpretar. Essas posições a colocam como uma artista pioneira do ponto de vista feminista. Se Joyce abriu, nessa mesma época, o caminho das compositoras, Elis o fez com sua liberdade como intérprete. Mais ainda: trabalhava sua arte como espaço para a discussão política em tempos de chumbo grosso e para a defesa dos direitos da mulher. São inúmeras as declarações de Elis no rádio, na televisão e nos jornais sobre a dificuldade das cantoras mulheres no mercado de música e os entraves das gravadoras para a livre criação das mulheres, no tom de uma autêntica militante feminista. Cito apenas um desses depoimentos, sobre o aborto, para exemplificar a verve e a qualidade de seus protestos. Perguntada sobre o tema em uma entrevista na RBS, em 1981, ela responde:

> Esse sistema não permite à mulher o total e completo direito de ser livre para usar o seu corpo como ela bem entender. A gente vive numa sociedade hipócrita e cínica que condena o aborto e faz o aborto. O Brasil talvez seja um dos países do mundo em que a maior quantidade de aborto clandestino é feita por dia ou por hora. As estatísticas são absolutamente alarmantes. (...) Agora eu te pergunto: Por que uma mulher não pode fazer aborto e por que o dr. Coutinho pode esterilizar montões de mulheres sem que elas saibam que estão sendo esterilizadas? Por que esse senhor usa esses métodos no Brasil? Onde está a legislação que permite que ele faça isso? Por que nossos laboratórios, supostamente para testar novas pílulas, saem esterilizando a população de baixa renda que não tem poder de participação nenhuma nisso? Por que você não pode optar por não ter um filho, mas um laboratório pode te esterilizar sem você saber que está sendo esterilizada? Que sociedade é essa?![111]

---

111 A penúltima entrevista que Elis concedeu, no dia 18 de setembro de 1981, no programa *Jornal do Almoço*, apresentado por Maria do Carmo, com Suzana Saldanha e Carlos Urbim na **RBS TV**. Trecho disponível em: https://www.youtube.com/watch?v=cXYjeOx5ib4 Acesso em: 15 de mar. 2022.

Nesse depoimento, além da defesa do aborto, Elis foi bem mais longe. Fez a denúncia da política de esterilização no país em nome da diminuição das desigualdades sociais, do abandono, da mortalidade infantil e da violência entre os jovens, defendida pelo dr. Elsimar Coutinho, então presidente da Associação Brasileira de Entidades de Planejamento Familiar. Entre os materiais de divulgação da política de esterilização, podiam-se encontrar outdoors com fotos de crianças e mulheres negras com os dizeres "defeito de fabricação", para convencer a população da necessidade do controle da natalidade. A esterilização era feita com métodos contraceptivos hormonais, principalmente os injetáveis, em mulheres negras e pobres. A Comissão Parlamentar Mista de Inquérito (CPMI) de 1991, requerida pela deputada federal Benedita da Silva, mostrou que mais de 45% das brasileiras em idade reprodutiva foram esterilizadas naquele momento.

Outro ponto que eu destacaria nas entrevistas feministas de Elis Regina é a sua visão social e inclusiva. Ao falar de temas como a mulher multitarefa, maternalidade e sexualidade, Elis mostra que é impossível desconhecer a variável classe nesse debate. Diz ela em 1979:

A situação da mulher na música brasileira é um reflexo da situação da mulher no Brasil, hoje em dia (…). Eu acho que a mulher proletária, a mulher trabalhadora, a mulher operária, está muito mais sacrificada hoje em dia. Porque fora todo o serviço braçal que ela faz dentro da sua casa, ela também está dividindo hoje com o homem o ganha-pão da família (…) Para nós, aqui, nós, todo mundo arrumadinho, bonitinho, está tudo certo. A gente está conseguindo ocupar espaços, a gente está conseguindo fazer uma série de coisas.[112]

---

112 Disponível em: https://www.youtube.com/watch?v=_6AJwxbAa2U Acesso em: 15 de mar. 2022.

Enfim, Elis Regina chegava à música trazendo a renovação política na música chamada MPB, e a resistência aberta contra o regime e a defesa dos direitos das mulheres, totalmente sintonizada com os novos movimentos sociais do período do regime militar.

OPS. ESQUECI DE DIZER ALGUMA COISA SOBRE NARA LEÃO?

Escrevendo sobre Elis, tecnicamente uma intérprete, categoria não prevista neste texto, foi inevitável me sentir desconfortável em relação a tantas outras cantoras que marcaram com performances personalíssimas e excelência vocal esse período, digamos "heroico", da MPB. Marcaram inclusive minha vida e continuam sendo minhas grandes e eternas referências. Como assim falar de MPB sem mencionar Maria Bethânia, Gal Costa, Nana Caymmi, Clara Nunes, Elizeth Cardoso, Elba Ramalho, Fafá de Belém, Elza Soares, Beth Carvalho e tantas outras sem sentir que estou excluindo o eixo da cultura musical de minha geração? Mas o que pensei em mostrar aqui, nesse momento de eclosão do feminismo, foram as barreiras do mercado e da criação culturais que as mulheres estavam conseguindo vencer e a força de um recado novo e potente que se erguia em alto e bom som na MPB. Foi uma escolha. E escolhas implicam exclusão e são inevitavelmente penosas.

Mas Nara Leão talvez tenha trazido alguma coisa a mais do que sua função de intérprete naquele momento. Na bossa nova, além de uma voz impecável, abrigava, em seu apartamento em Copacabana, os debates, reuniões, revelações musicais, transformando-se num ponto de convergência entre os participantes da bossa nova. Ganhou por isso o título, aparentemente honroso, de musa da bossa nova. E em musa não se toca. Essa operação foi bastante eficiente porque, de certa forma, conseguiu imobilizá-la como inspiração no imaginário cultural dos anos 1960 e 1970. Ok para a bossa nova. Mas Nara logo em seguida se desfez da categoria musa e se pôs em movimento ao descobrir, pro fundamente sintonizada com o *ethos* de sua geração, um outro Brasil, mais cinzento e mais profundo do que aquele sugerido pelos barquinhos, banquinho e violão. Um Brasil recém-tomado por um golpe militar, um Brasil de pobreza, de favela, de nordestinos, de negritude, de infinitas dicções regionais. A imagem de Nara – e aqui é interessante abrir um paralelo com Elis – passou rapidamente de musa àquela de cantora de protesto, com o braço levantado e o punho cerrado no palco do histórico show-manifesto *Opinião*. Nara exibiu "seu lugar de fala", branca de classe média, para propor o diálogo com Zé Keti, o malandro da favela, e com o João do Vale, imigrante nordestino e autor de "Carcará", canção fortíssima, a epifania do espetáculo. Não satisfeita, assumiu publicamente a mensagem de protesto do show, deu declarações a jornalistas, tornou-se alvo dos militares e terminou tendo que se exilar na França por um tempo. Se Elis, apesar de suas posições politicamente progressistas, manteve com o regime militar uma posição ambígua, o que lhe custou muitas explicações e situações difíceis, Nara rapidamente reagiu ao golpe e até mesmo se colocou como porta-voz da nova cultura de protesto ao regime. Infelizmente, a pressão política a levou a deixar o país, como tantos de nossos melhores artistas em tempos de chumbo grosso. Na volta, manteve a atitude independente e firme com que havia deixado o país, agora na área do mercado de música, mostrando uma autonomia crítica surpreendente com os novos álbuns que escolheu produzir. O mais polêmico foi o *Nara... e que tudo mais vá pro inferno*, com canções de Roberto e Erasmo Carlos, da Jovem Guarda, considerada alienada e até mesmo expulsa do paraíso culto e exclusivo da bossa nova. A polêmica foi grande, e Nara exibiu, mais uma vez, um grau de liberdade profissional, pessoal e político raro na época.[113]

---

113 O documentário *O canto livre de Nara Leão*, dirigido por Renato Terra (Globoplay, 2022, recém-lançado), tem sido muito importante para iluminar um outro lado de Nara, conhecido, mas até bem pouco tempo curiosamente obscurecido sob a figura da moça bem-educada, musa da bossa nova.

O que me fez voltar a Nara neste pequeno trecho foi mostrar o que havia sido congelado com a consagração desta artista como musa. Bem além da Nara intérprete, desejei mostrar a Nara típica jovem mulher da geração 1960, que, com seu violão debaixo do braço, acolheu a bossa nova, enfrentou a ditadura, teve uma vida amorosa livre, experimentou a maternalidade a seu modo e escolheu seu repertório com critérios próprios e provocadores, batendo de frente com os donos da bossa nova e da MPB. Tudo a ver com o feminismo nascente e com a mulher profissional e libertária que começava a interpelar seu papel na vida e no mercado fonográfico.

COMPOSITORAS, NÃO: O CASO JOYCE

A MPB, território masculino, desde seus primeiros anos teve de encarar as pioneiras, mas ainda poucas, compositoras mulheres que teimavam em invadir a cena. Uma das primeiras a adentrar esse "reservado" recinto, de voz mansa, mas pulso forte, foi Joyce Moreno, cantora, compositora, arranjadora e instrumentista. É importante sublinhar essa variedade de competências em Joyce, pois, se a atividade de compositora já era rara e indesejada, as de arranjadora e instrumentista eram inexistentes. Tendo convivido e trabalhado com Roberto Menescal, Tom Jobim e Vinicius de Moraes, Joyce, ainda que já com traços diferenciados, mostrava a influência direta da bossa nova em sua música, especialmente no que diz respeito à harmonização e interpretação como cantora. É ela própria quem revela: "Sou filha da batida do violão de João Gilberto tocando uma música do Tom com letra do Vinicius."[114]

Por suas realizações e expertises, absolutamente raras na época, Joyce entrou para a história da música como a primeira compositora a se expressar no feminino singular.

---

114   Entrevista com Joyce, realizada em 21 de agosto de 2020.

Recapitulando o fato, isso aconteceu no Festival Internacional da Canção de 1967, cujo grande vencedor foi Guttemberg Guarabyra com a canção "Margarida". Joyce, com dezenove anos, aluna de jornalismo na PUC do Rio de Janeiro e recém-saída do Colégio São Paulo, em Ipanema, arriscava alto e assustava cantando "Já me disseram que meu homem não me ama..." e declarou seu amor incondicional por um homem louco e vagabundo. A música, intitulada "Me disseram", recebeu vaias avassaladoras e foi avaliada pela crítica como uma aberração. Sérgio Porto, o homem das "Certinhas do Lalau" – eleição anual das mulheres mais bonitas, em grande parte vedetes da época –, indignou-se: "Isso é música de bordel!" Entre os demais músicos e compositores, que insistiam na sua imoralidade e vulgaridade, apenas Nelson Motta e Fernando Lobo saíram em sua defesa. Não havia dúvidas de que uma novidade tinha chegado ao reino da MPB. No ano seguinte, foi Vinicius de Moraes – que declarou ser Joyce a primeira feminista da música brasileira – quem escreveu a apresentação de seu primeiro disco, *Joyce*, produzido por Armando Pittigliani, com arranjos de Gaya e Dori Caymmi. No repertório, cinco músicas dela e mais seis inéditas de autores amigos, tão ou quase tão iniciantes quanto ela: Paulinho da Viola, Marcos Valle, Francis Hime, Caetano Veloso e Jards Macalé.

Pois é toda essa polêmica, com críticas pesadas na imprensa e no meio musical, que termina consagrando Joyce como a compositora feminista inaugural na música brasileira.

Na mesma época e igualmente criticada, ela apresentou a canção "Não muda não", em que uma "anti-Amélia", segura, pede que seu homem não largue a boemia. Segundo a própria compositora, "Não muda não", composta aos dezoito anos, é uma carta de intenções feminista. A música, mesmo com duras críticas de toda parte, foi um grande sucesso nas rádios. Essa era a Joyce em seus primeiros momentos na MPB. Desde o primeiro disco, ela surgiu como compositora e não apenas como cantora.

Depois desse primeiro álbum, Joyce lançou, um ano mais tarde, em 1969, *Encontro marcado*, a primeira incursão de Nelson Motta como produtor. Com esse novo trabalho, ela fez sua primeira viagem internacional como profissional da música, apresentando-se ao lado de Edu Lobo em Lisboa. Esse disco marcou uma ruptura. Logo Joyce percebeu que a Philips, sua gravadora, a estava representando como a garotinha gostosa da MPB, refletida na foto sexy da capa do LP. O conflito com a Philips a levou mais tarde à descoberta da produção independente, o que viraria uma marca em sua carreira.

Parecido com o clima do Cinema Novo, na MPB as meninas também ficavam sistematicamente de fora, se restringindo ao papel de cantoras, ou seja, de intérpretes de composições masculinas. No caso de Joyce, isso era complicado. Desde sempre seu objetivo foi a composição, tanto assim que nunca se projetou como grande cantora. "Dentro da estante da Música Popular Brasileira, a prateleira onde sempre tentaram me colocar foi a das cantoras, mas eu não me incluo ali, porque meu objetivo sempre foi a composição. Eu uso a voz e o violão como ferramentas", conta a artista em entrevista para este livro.[115]

Pelo que conta Joyce, para ser reconhecida como compositora, foi preciso travar uma batalha hercúlea. Mas muito mais difícil ainda, na época, era uma mulher ser respeitada como instrumentista, arranjadora ou líder de banda. E esse era seu objetivo de vida. Joyce nunca se interessou por ser intérprete de compositores homens; desde o primeiro disco, em 1968, ela sempre quis ter um trabalho autoral. Esse foi seu grande diferencial e o que marcou sua carreira e a história das mulheres na MPB. Sua composição é feita de palavras e som. Primeiro o som flui no violão. É um trabalho de harmonia, de acorde, de ritmo. Daí surge a letra. Diz ela: "Você cria uma história em volta daquele som e ele vira palavra, é um processo complexo.

115 Ibid.

Fazer música é muito diferente de fazer poesia. A palavra tem que caber na boca de quem vai cantar." O que soava muito novo.

Entre 1970 e 1971, Joyce fez parte, juntamente com Nelson Angelo, Novelli, Toninho Horta e Naná Vasconcelos, do grupo vocal e instrumental A Tribo, e gravou um compacto duplo, lançado pela Odeon. A partir de 1971 até 1975, fez uma pausa na carreira para mergulhar, com a maior consciência, na maternidade e se dedicar às filhas Clara e Ana, nascidas em 1971 e 1972, vivendo intensamente essa experiência.

Mas logo em 1975 retomou a carreira, substituindo Toquinho, o sensacional violonista da bossa nova, numa grande turnê pela América Latina, ao lado de Vinicius de Moraes, o que impulsionou sua carreira como instrumentista. Com o sucesso das apresentações, ela passou a se apresentar com Toquinho e Vinicius em várias turnês pela Europa. Sua carreira internacional não tinha mais caminho de volta. Substituir Toquinho e ser legitimada como instrumentista, como sempre quis, consolidou decisivamente sua carreira.

Em 1977, apresentou-se durante seis meses em Nova York, gravando o LP internacional *Natureza*. Mas foi em 1980 que a assinatura musical de Joyce veio à tona, com o álbum *Feminina*. No disco, a compositora assumiu o total comando de seu trabalho, compondo, fazendo os arranjos e quase todas as letras. É interessante lembrar que, geralmente, seus shows fechavam com essa música-título do LP. *Feminina* tornou-se uma marca registrada de Joyce, em termos musicais e de posicionamento.

O disco todo soa como uma declaração de princípios feministas. Através das letras e da musicalidade, desfilam o ponto de vista feminino sobre as questões do que é ser uma mulher. Tanto assim que *Feminina* entrou na trilha sonora da pioneiríssima série *Malu Mulher*, com Regina Duarte. Outra faixa do disco, "Clareana", sobre suas filhas, fez com que o Maracanãzinho, que a tinha vaiado pela audácia de apresentar a canção "Me disseram" ("Já me disseram/

Que meu homem não me ama/ Me contaram que tem fama/ De fazer mulher chorar") no Festival da Canção de 1967, agora a aplaudisse de pé no Festival MPB de 1980. "Clareana" tornou-se um grande sucesso de público e de crítica. Diz Joyce:

> Até hoje acho que *Feminina* foi o disco mais importante de todos que eu já fiz. Por tudo, por ter sido esse momento especial em que eu pilotei o meu próprio projeto, por ser um disco totalmente autoral, pela maneira como a produção foi tocada, me deixando à vontade pra fazer do jeito que eu queria. E por ter sido, eu acho, o disco que me apresentou ao Brasil, de certa forma.[116]

A partir de 1979 e, particularmente, durante toda a década de 1980, o quadro da MPB se abriu e assistiu a um *boom* de compositoras mulheres. Foi nessa hora que apareceram compositoras como Fatima Guedes, Angela Ro Ro, Sandra de Sá, Marina, Joanna. Todas com estilos bastante diferentes, mas convergindo na necessidade de falar (cantar) abordando questões de mulheres. Contudo o ambiente da MPB continuava muito masculino.

Acompanhando Joyce no tempo, chegamos a 2018. Mais de cinquenta anos depois de ter sido considerado inconveniente, o LP *Joyce* volta numa versão em plataforma digital, mas com o selo "explícito", ou seja, sinalizando conteúdo impróprio. O selo acabou sendo retirado, mas Joyce filmou a cena com seu celular. Quebrando regras e tabus, Joyce sempre fez muito sucesso com a crítica, nem tanto com o público, e aos setenta anos, com quatrocentas composições, quarenta discos e dois DVDs, se delicia, gravando o que chama de sua "parada de fracassos". Ou seja, sua parada de enfrentamentos vitoriosos.

116   Ibid.

A SOFISTICAÇÃO DE SUELI

Sueli Costa, em campo desde 1961, foi um caso bastante especial de uma mulher compositora na MPB. Assim como Joyce, ela ultrapassou os limites impostos às mulheres, ou seja, o de ser apenas cantora, e se tornou uma de nossas maiores compositoras, com nível de excelência artística inquestionável. Menos frontalmente envolvida com as questões feministas, Sueli encarnava, de forma exemplar, a imagem de um novo fenômeno enquanto compositora mulher. Dona de seu *métier*, de sua carreira musical e sua vida pessoal, ela impunha desde o início da carreira uma postura baseada na competência e na independência, o que, de certa forma, causava desconforto na cena da recém-nascida MPB.

Carioca, criada em Juiz de Fora em meio a uma família de músicos, Sueli Costa conta em entrevista[117] que nesse início dos anos 1960 se encantou com João Gilberto e o ouvia obsessivamente, numa pequena eletrola, até que seu pai falou: "Não aguento mais!" Sueli, impávida, decidiu ir para a casa de uma prima, sempre com sua eletrolinha de plástico e os LPs de João embaixo do braço. Conto esse episódio porque ele me parece sintomático do fazer música de Sueli. Primeiro, a determinação. Segundo, o rigor musical extremo. Quando se fala em Sueli Costa, a definição mais recorrente é a de que ela tem sempre a melodia perfeita na ponta dos dedos.

Ainda em Juiz de Fora, aos dezessete anos, já aluna da faculdade de direito, Sueli compõe sua primeira música, "Balãozinho", inspirada em Silvinha Telles, outra grande referência musical de Sueli. Nessa época, ela vivia numa casa cheia de músicos, mas marcava a diferença por ser a única compositora mulher naquele ambiente de boemia, muitos amigos homens e muitas doses de uísque. Não é

---

117   Entrevista com Sueli Costa, realizada em 3 de abril de 2020.

difícil adivinhar como Sueli tornou-se malvista pela sociedade local, que fazia chegar a sua mãe cartas anônimas criticando seu comportamento. O fato é que Sueli, bem cedo, abandonou o modelo feminino de esposa e mãe e dedicou-se de forma total à música e ao padrão de perfeição musical que a atraiu em João Gilberto e que ela buscou, determinada, durante toda a sua carreira.

Ainda compositora anônima, em Juiz de Fora, teve seu primeiro reconhecimento. Oscar Castro Neves, músico, violonista e arranjador importante da MPB e da bossa nova, a encontrou na cidade e, na volta para o Rio, mostrou casualmente a Nara Leão a música "Por exemplo você", composição de Sueli. Nara disse imediatamente "essa é minha" e a incluiu no disco *Nara*, de 1967, sem o conhecimento da autora. Sueli ficou sabendo do fato pelo jornal, e "Por exemplo você" ganhou o mundo e os aplausos naquela hora. A mudança para o Rio, em 1969, foi inevitável. Seu primeiro trabalho na nova cidade foi um musical em parceria com Sidney Miller: *Alice no país divino maravilhoso*, uma peça de teatro em tempos de LSD. A partir daí, sua carreira deslanchou com força total. Pouco tempo depois, Maria Bethânia interpretou três músicas suas no antológico espetáculo *Rosa dos ventos*, de 1971, e outras cinco, mais tarde, quando gravou o álbum *A cena muda*, no Teatro Casa Grande. Em seguida, outro sucesso: "20 anos blue", gravada por Elis Regina no LP *Elis*, de 1972. Dois *hits* seus tornaram-se trilha sonora de novelas da TV Globo: "Coração ateu", presente na novela *Gabriela*, e "Dentro de mim mora um anjo", na trilha da novela *Bravo*.

Sueli tornava-se reconhecida como a grande compositora da MPB. Daí para a frente, foram só conquistas. Suas composições foram gravadas por nomes como Ney Matogrosso, Simone, Cauby Peixoto, Joanna, Fagner, Fafá de Belém, Alaíde Costa, Angela Ro Ro, Ivan Lins, Zizi Possi, Agnaldo Rayol, Gal Costa, Ithamara Koorax, entre outros. O nome de Sueli Costa passou a fazer parte então da elite de compositores da MPB.

Em 1975, a compositora já consagrada teve seu primeiro disco gravado, *Sueli Costa*, cantando suas próprias composições. Uma iniciativa que pareceria ingrata para qualquer outra compositora que tivesse suas músicas como grandes sucessos nacionais nas vozes das maiores cantoras do país. Não para Sueli. Somente nessa época foram cinco discos solo gravados pela Odeon. Mesmo assim, ela passou por alguns percalços que já eram regra para as mulheres que compõem. Lembra ela:

> Eu vivia calmamente num ambiente cheio de homens e só queria saber de música. Só me dei conta do machismo quando, depois de ver uma canção de minha autoria ganhar o terceiro lugar em um festival de 1970, ouvi um compositor dizer que, para mulher, eu compunha bem. Tento esquecer esse episódio até hoje.[118]

RADICAL SEM BANDEIRAS

Descendente direta da bossa nova e com muita influência do jazz, a música de Sueli Costa não cabe em tendências. É uma música 100% pessoal. Sueli faz vanguarda sem bandeiras, e a beleza e complexidade do efeito melódico de suas composições são plenamente reconhecidas. É também consenso que cantar Sueli Costa é para os fortes. Ela compõe com um equilíbrio preciso entre o que tem força para ser popular e o que preserva uma identidade sofisticada, firmada em uma notável inteligência harmônica.

Um traço importante na produção de Sueli Costa é a criação em parceria. A troca, um prazer fino e também, no caso dela, uma base produtiva. Seus mais importantes parceiros foram Cacaso e Tite de Lemos; depois apareceram Aldir Blanc, Ana Terra, Fatima

118　Ibid.

Guedes, Paulo César Pinheiro e Abel Silva. Outro traço igualmente forte e ligado ao trabalho compartilhado é sua "invisibilidade". Sueli é muito discreta, talvez tímida e pouco afeita a protagonismos. O fato é que, mesmo sem grande visibilidade popular, é reconhecida e respeitada como uma das mais refinadas compositoras da MPB.

Embora claramente associadas ao feminino, suas canções nunca foram enquadradas na corrente feminista como aconteceu com Joyce e Elis Regina. O que é interessante, pois Sueli, assim como Joyce, abriu definitivamente o espaço na MPB para mulheres compositoras e instrumentistas.

Em uma de suas canções mais populares, "Dentro de mim mora um anjo", em parceria com o poeta Cacaso, com arranjo bossa-novista, Sueli surpreende cantando sobre um duplo de si mesma, as duas faces de um feminino contido.

> Quem me vê assim cantando
> Não sabe nada de mim
> Dentro de mim mora um anjo
> Que tem a boca pintada
>
> Que tem as unhas pintadas
> Que tem as asas pintadas
> Que passa horas a fio
>
> No espelho do toucador
> Dentro de mim mora um anjo
> Que me sufoca de amor
> (...)

Em "Demoníaca", um blues, a voz suave de Sueli vai entoando de modo calmo, contido, claro, sem os arroubos vocais das grandes intérpretes, uma letra pesadamente provocativa: "Espelho meu/

Existe alguém pior que eu?/ Espelho, espelho meu/ Existe alguém mais terrível do que eu?" Já em "Aldebarã", a personagem mulher, alvo de uma busca amorosa sem início nem fim, é cantada a partir de elementos fortemente dissociados, como um monstro marinho, ser vegetal, corpo celeste, desterrado ("Nos braços úmidos de fundas angras/ Na tua cabeleira de alga e plâncton/ Submerso em teu regaço/ Aldebarã, Aldebarã/ Fontana, fêmea, pântano"). Novamente, uma "anfíbia fantasia", como no duplo de "Dentro de mim mora um anjo".

Em suas composições melódicas, Sueli torna complexa toda e qualquer referência às mulheres, assim como sua posição de vanguarda é radical sem carregar bandeiras.

MÚSICA, POESIA E DESTEMOR

Outra figura feminina fundamental na MPB é Fatima Guedes. Filha de uma professora de literatura, passou a infância e a adolescência mergulhada em livros. Daí talvez venha a forma complexa de construção de suas letras, sempre muito densas, trabalhadas, com várias camadas de significação e subentendidos. Também a dramaticidade de suas personagens chama atenção e torna-se uma marca de suas composições. Em 1978, Fatima venceu o festival do Colégio Hélio Alonso[119] com "Passional", canção em que narra um fim de caso com alto teor de desespero. E foi "Passional" que abriu as portas das gravadoras para Fatima. É interessante ouvi-la falar a respeito disso: "Eu não me reconheço muito nesses casos dramáticos. Mas de repente, mulheres desesperadas se instalam no meu trabalho, vindas não sei bem de onde."[120]

---

119   Os festivais de colégio eram importantes na época. Reuniam-se ali vários colégios secundários e universidades, e o vencedor ganhava grande projeção na mídia e no mercado.

120   Entrevista com Fatima Guedes, realizada em 30 de dezembro de 2021.

Em seguida, Fatima compôs "Onze fitas", sobre a violência policial, escrita para a peça *O dia da caça* (1978), adaptação de José Louzeiro e direção de Roberto Frota, até hoje uma de suas músicas mais tocadas. Logo em seguida, ela começou a ter mais e mais demandas de intérpretes famosas. "Bicho medo" foi gravada por Wanderléa; Elis Regina incluiu "Meninas da cidade" no show *Transversal do tempo* e apresentou Fatima para o grande público em seu especial de fim de ano na TV em 1978. Já uma estrela da MPB, Elis endossava publicamente o talento de Fatima, que a essa altura já tinha o trabalho reconhecido por seus pares. Diz Elis:

> Eu fui apresentada por um amigo, Paulo Albuquerque, a uma fita gravada por uma jovem compositora residente no Rio de Janeiro, mais precisamente em Jacarepaguá, e a dificuldade foi escolher qual delas a gente ia começar a aprender, a trabalhar, a cantar, arranjar e gravar. Essa jovem se chama Fatima Guedes e é provavelmente uma das mais importantes compositoras que o Brasil já teve oportunidade de ter. Eu espero que daqui pra frente tudo seja muito diferente.[121]

Fatima gravou seu primeiro LP em 1979, álbum que levava seu nome. Nele, ela regravou na própria voz suas composições já lançadas por vozes famosas, e se tornou definitivamente conhecida do grande público ao participar do Festival MPB 80, na TV Globo, com a música "Mais uma boca", sucesso radiofônico imediato. A música evoca o ambiente de um bar e termina com os versos "Quem de vocês se chama João?/ Eu vim avisar, a mulher dele deu à luz/ Sozinha". Ouvindo uma entrevista de Fatima a Rodrigo Faour, tive notícia de algumas músicas censuradas no período em que ela começou a compor. A lei da censura caiu em 1979, mas Fatima ainda

---

121 Ver: https://www.facebook.com/analisandoelisregina/videos/analisando-elis-regina-meninas-de-cidade/285677802462696/ Acesso em: 15 de mar. 2022.

foi pega por ela. A primeira foi "Rolar", de 1975, quando ela tinha dezessete anos, que descreve uma relação amorosa no tapete com detalhes e grandes emoções. Escandalizou a censura. Já "Feito Passarinho" narra a prisão de um passarinho e sua vida inútil na gaiola. Os versos finais perguntavam se essa vida "era por falta de cruzar ou por tudo". A censura julgou a música grosseira e imprópria. Na lista das canções censuradas, que foram muitas, a de que eu mais gosto é "Cara máscara", em que, depois de descrever o marido como um senhor todo-poderoso, a senhora conclui: "Um dia eu abro essa porta/ E meu diabo te atenta/ E a minha faca te entra/ E a minha raiva te corta/ E há de cair coisa morta/ Sangue e sangue e alegria." A censura a definiu como "indução ao assassinato", o que não era de todo mentira.

Fatima Guedes define sua música como uma crônica da realidade. A realidade que apresenta mulheres de homens casados, mulheres em processo de separação, amores proibidos, fugidios, situações de opressão, a mulher abandonada na hora de parir, a mulher que enterra seu filho, a paixão e o ódio, a dor e o vazio no cotidiano mais frugal. Fatima, cronista da alma de todas nós. "Minhas personagens femininas tiro das histórias que leio; dos filmes, porque sou cinéfila. Adoro ouvir histórias até o último fio de cabelo, adoro ver a vida acontecendo dentro da arte. Adoro as personagens e o que elas têm a dizer. Personagem é pessoa também",[122] diz ela.

Na posição autorizada da fala de mulher, ela se perde e solta a imaginação como nenhuma outra compositora o havia feito. Esse mergulho nos sentimentos mais sutis ou mais dramáticos da vida das mulheres estão presentes em cada modulação melódica de sua obra. No momento em que Fatima surgia no cenário musical, já havia no ar certa sensação de liberdade possível; as jovens eram de esquerda, se sentiam empoderadas, mulheres começavam a compor

---

122   Entrevista com Fatima Guedes, realizada em 30 de dezembro de 2021.

e a fazer cinema, a adentrar o universo masculino, convivendo com um quadro majoritário de mulheres de comportamento bastante conservador cujo grande projeto ainda era o casamento. É nesse panorama que Fatima se move, emprestando um olhar crítico da mulher livre sobre a realidade ainda muito opressora e patriarcal. É nesse ponto, nesse cruzamento, que suas letras ganham força e potência crítica. Por outro lado, Fatima percebia que a opressão das mulheres era bem mais ampla do que podia parecer: "Eu não vejo mulheres oprimidas, vejo cidadãs oprimidas." A constatação evidencia a crítica social e política de Fatima Guedes, sempre presente em suas composições.

Pode-se afirmar que é para a comunidade de mulheres que Fatima compõe. E para reforçar essa ideia cito aqui o encontro on-line com Rodrigo Fauor em que ela mesma imita Simone cantando suas próprias músicas.[123] Ao ver suas declarações encantadas com as interpretações de Simone e Nana Caymmi, percebemos que Fatima se coloca na posição de falar por outras mulheres também. Assim ela fica, atenta, deliciada mesmo, ouvindo a forma como outras mulheres experimentam e, inclusive, expandem o sentimento e o *ethos* que ela imprimiu nessa ou naquela música. E nesse movimento sentimos Fatima como não proprietária de suas músicas, mas como uma produtora "comunitária", digamos. Ela compõe para as mulheres, para que elas ouçam o seu recado e o levem adiante.

E tudo parte, é certo, de sua experiência pessoal, de mulher, e de uma intensa construção:

Você tem que mexer com coisas muito fundas suas se você for falar sobre alguma coisa. Se você quiser fazer chorar, você tem que ter chorado sobre aquilo antes. Foi o que aconteceu com uma de

---

123 Disponível em: https://www.youtube.com/watch?v=bFcLOL4g5HY Acesso em: 15 de mar. 2022.

minhas canções mais dramáticas, "Absinto", durante a qual chorei o tempo todo até acabar de compor. O sentimento tem que ter uma verdade, senão não passa para o outro (...) também não passa se for só intuição, talento. Tem um trabalho grande de paciência ali. Eu crio letra e música ao mesmo tempo e vou montando a coisa com muito cuidado, senão ela não fica em pé. Vou contando as sílabas, escolhendo as rimas, trocando as palavras. Para que uma letra tenha uma pegada forte, haja trabalho! A MPB tem bons macetes, como a lacração final com uma rima bacana, forte; é hora de fechar a ideia.[124]

Pelo grau de impacto que sua música promove, Fatima Guedes deveria ser bem mais reconhecida e popular. Isso não parece ter sido por acaso. Apesar de receber de sua primeira gravadora, a Odeon, um tratamento bastante especial e cuidadoso, como o comprovam o trabalho requintado de criação das capas de seus LPs, por volta dos anos 1980, quando o mercado fonográfico aquecia bastante, ela foi convidada a deixar a gravadora e mudar para a PolyGram. Fatima era muito querida e prestigiada, mas era uma compositora cult, tanto pelas músicas que compunha quanto por seu estilo avesso ao estrelato. Detestava participar de programas de televisão, sofria para dar entrevistas e se irritava quando tinha que aparecer na mídia. Ela vendia pouco e convivia bem com isso. Talvez tenhamos perdido nós, que temos que procurar para enfim encontrar mais de uma de nossas grandes compositoras e uma das mais significativas tradutoras do potencial revolucionário das mulheres.

---

124 Entrevista com Fatima Guedes, realizada em 30 de dezembro de 2021.

QUANDO O FEMINISMO ENCONTRA O ROCK 'N' ROLL

O rock feito por mulheres chegou cedo entre nós. Ainda no final dos anos 1950, Celly Campello, aos quinze anos, apareceu com tudo, trazendo um rock brejeiro, recordista de vendagem. Logo depois veio Wanderléa, a grande estrela do movimento da Jovem Guarda de Roberto e Erasmo Carlos, com um rock animadíssimo, nas também sexista, manso, domesticado. Um rock que não ameaçava nem Deus, nem a pátria, nem a família, as grandes bandeiras civilizatórias do golpe de 1964.

A verdadeira revolução do rock brasileiro viria pelas mãos de uma banda chamada Os Mutantes, que exibia uma figura feminina bela, estranha, rebelde, com sobrenome americano: Rita Lee. Os Mutantes chegaram representando o desmonte da sociedade patriarcal, capital valioso e um dos principais baluartes da ditadura militar, defendido com unhas e dentes pelas classes médias do momento. A banda hippie-tropicalista era movida a drogas & rock 'n' roll e avançava, iconoclasta, misturando purpurinas e visuais psicodélicos com símbolos nacionais como a bandeira do Brasil, as cores verde e amarelo e o azul anil. Os Mutantes pregavam uma "vida rock 'n' roll", uma filosofia de vida que pretendia alargar a consciência, divulgar a percepção lisérgica do mundo, "abrir as cabeças" e instalar a revolução comportamental da contracultura entre nós. Ali estava Rita Lee, a única mulher da banda composta pelos irmãos Dias Baptista, excelentes instrumentistas: Arnaldo no baixo e Sérgio na guitarra. Rita, namorada de Arnaldo, fazia vocais, cantava, ficava na guitarra base e encantava, tentando convencer a todos de que mulher também faz rock. Definindo-se como "hiponga comunista com um pé no imperialismo", curtia a Jovem Guarda na TV Record, onde conheceu Ronnie Von, que não apenas convidou a banda para se apresentar em seu programa, *O pequeno mundo de Ronnie Von*, como também batizou o trio de Os Mutantes. O mês era dezembro, o ano era 1966.

Mas a vida dos Mutantes ia se definir de fato no ano seguinte, no Festival da Música Brasileira de 1967, quando Gilberto Gil convidou a banda para acompanhá-lo na apresentação de "Domingo no parque". O festival, até então de pura MPB, viu-se invadido inexoravelmente pelo rock e pela guitarra elétrica numa fusão histórica: o violão e a voz de Gil, os vocais e a eletricidade dos Mutantes, um baterista profissional e os arranjos inovadores de Rogério Duprat. Aquela apresentação de "Domingo no parque", segundo lugar no festival, misturava berimbau e guitarra elétrica, cantiga de capoeira, o bucolismo da ribeira e uma letra cinematográfica, narrando quadro a quadro os enlaces entre Juliana, José e João. Estavam formadas as bases do tropicalismo. Foi também nessa edição do festival que Sergio Ricardo, num ataque de fúria após ser vaiado e impedido de terminar sua apresentação, quebrou seu violão e o atirou na plateia.

O grande valor dos Mutantes nesse contexto foi deslocar o lugar social do pop-rock ao trazer para dentro do gênero elementos musicais distintos e um novo status proveniente da ligação com a MPB, uma fusão de gêneros que marcou aquele momento com o tropicalismo. O momento era único. Na cola dos baianos, o destino dos Mutantes ganhava novos desafios. O disco *Tropicália ou Panis et circensis*, segundo Rita, representou a perda definitiva de sua virgindade na neo-MPB, a música planetária brasileira. E Rita é, sem dúvida, a responsável pelo abrasileiramento dos Mutantes e também pela identidade emblemática do grupo. Mas, em toda a trajetória do grupo, o sexismo dos seus componentes tentou de todas as formas torná-la um enfeite da banda na qual dois músicos brilhavam. Rita tocava um pandeiro, fazia um vocalzinho, sempre em papel secundário.

O que dizer desse papel secundário quando Rita entrou em cena estonteante com um inesperado visual de noiva durante o III Festival Internacional da Canção, na fase mais cruel e pesada da ditadura? A noiva não vinha sozinha. Era acompanhada por Arnaldo vestido de arlequim, com um inexplicável penacho azul na cabeça, e Sérgio Baptista com trajes de toureiro portando uma igualmente inexplicável faixa hippie-indígena na testa. Se a parte instrumental estava preferencialmente (mas não toda) a cargo dos Baptistas, a identidade política e rebelde do grupo, fruto de vivências psicodélicas e projeções tecnológicas que tanto impacto e sucesso causavam, estava 100% nas mãos de Rita Lee. Sua performance de noiva pop e revoltada, por exemplo, tocava num tema sensível da percepção e expectativa casamenteira e do destino das jovens mulheres naqueles anos de chumbo grosso e conservadorismo. Não somente no palco, sua interpelação provocativa à instituição casamento virou assunto.

Rita casou-se com Arnaldo Baptista e um dia depois apareceu no programa de Hebe Camargo em uma de suas performances mais radicais. Hebe, mãezona, aguardava os pombinhos recém-casados, mas assistiu mesmo ao inesperado. O casal, num mix de jogada de marketing, discurso político e plataforma teatral, rasgou em tiras a certidão de casamento diante das câmaras de TV e diante de uma Hebe totalmente desconcertada. Certamente não foi à toa que Glauber Rocha nomeou Rita Lee a Cacilda Becker do rock.

Ainda assim, Rita era vista pelos parceiros de grupo como essencial de fato apenas no quesito adorno. Sua expulsão da banda, em 1972, portanto, não foi considerada um grande problema por seus integrantes. O episódio, entretanto, foi violento. Reproduzo-a aqui tal como narrada em sua autobiografia:

> Depois de passar o dia fora, chego ao ensaio e me deparo com um clima tenso/denso. (...) Até que o Arnaldo quebra o gelo, toma a palavra e me comunica, não nessas palavras, mas o sentido era o mesmo, que naquele velório o defunto era eu.
>
> "A gente resolveu que, a partir de agora, você está fora dos Mutantes porque nós resolvemos seguir na linha progressiva-virtuose e você não tem calibre como instrumentista."[125]

---

125   LEE, Rita. *Rita Lee: uma autobiografia*. Rio de Janeiro: Globo Livros, 2016. p. 113.

Ou seja, vemos aqui, mais uma vez, a reafirmação da ideia de que o rock era um espaço masculino.

Que Rita era roqueira não havia dúvidas. Em sua primeira banda, formada ainda no ginásio, quando tinha quinze anos, assim como em suas primeiras composições, de 1966, o rock a definia integralmente. Portanto, o problema não era o rock em si. O que excluía as mulheres do rock "masculino" era um tabu instituído contra as instrumentistas mulheres. Dessa forma, todos os grupos vocais femininos dos anos 1960 recorriam a músicos de estúdio para o fundo instrumental. Mesmo cantoras ícones como Janis Joplin e Aretha Franklin ainda não tocavam nenhum instrumento. Havia praticamente uma regra não escrita que impedia que as mulheres se aproximassem dos instrumentos. Quando elas avançavam esse limite, era sempre com guitarra ou piano, mas nunca instrumentos eletrificados e quase nunca de sopro.

É importante reconhecer que a atuação de Rita Lee nos Mutantes já extrapolava um pouco as regras sexistas do rock. Segundo o próprio Arnaldo, sua presença na banda trazia traços inovadores, já que não era comum que uma banda de rock tivesse uma mulher no vocal. A presença de Rita, nesse contexto, foi adquirindo contornos particulares a cada passo. Inicialmente, os Mutantes, mesmo subestimando o fato, mostraram dependência de sua performance singular à presença de uma *front singer woman* do rock e outras características trazidas por Rita. O uso dos figurinos incomuns, a postura de palco e a grande aproximação com o *happening* tropicalista, entretanto, não foram suficientes para mantê-la no grupo de que tanto se orgulhava por sua sofisticação instrumental.

Consumada sua saída, Rita, arrasada, devastada mesmo, resolveu investir em duas formações, que antecederam a alavancagem de sua carreira solo. A primeira foi o Cilibrinas do Éden, uma banda experimental só de mulheres, fruto de um projeto antigo de Rita com Lucia Turnbull, ainda no período final de sua presença nos Mutantes. A segunda, Tutti-Frutti, já pós-Mutantes, aprofundou o caminho experimental, com Rita assumindo então o vocal e os teclados, sintomaticamente o lugar ocupado por Arnaldo no antigo grupo. Uma posição de liderança foi se construindo aos poucos para Rita Lee. Tutti-Frutti foi responsável pelo grande show do primeiro Hollywood Rock em 1975, no Rio de Janeiro. Rita Lee nos teclados e com aquela voz rouca e jazzística cantando "Ovelha negra" foi o grande sucesso do ano. Muito a propósito da imagem que ia construindo, essa música tornou-se, para sempre, sua marca registrada. Rita e sua persona artística se aproximavam cada vez mais, e a identificação do público com ela tornou-se inevitável. A letra da canção levou o público às alturas:

Levava uma vida sossegada
Gostava de sombra e água fresca
Meus Deus, quanto tempo eu passei
Sem saber?
Foi quando meu pai me disse: Filha,
Você é a ovelha negra da família
Agora é hora de você assumir
E sumir!

Baby, baby – Não adianta chamar
Quando alguém está perdido
Procurando se encontrar
Baby, baby – Não vale a pena esperar
Tire isso da cabeça
E ponha o resto no lugar

Ovelha negra da família,
Não vais mais voltar
Não!
Vai sumir!

Da banda Tutti-Frutti à carreira solo, foi coisa de um ano. Em 1976, casou-se com Roberto de Carvalho, compositor e instrumentista, e as carreiras de ambos se atravessam. Roberto tornou-se seu parceiro na vida e na música, no fogo de uma paixão cuja produtividade musical foi espantosa. Um casamento sólido, que continua vitorioso até hoje, tendo passado por turbulências e drogas radicais como manda a cultura rock 'n' roll. Produtiva, libertária e contracultural, nossa ovelha negra dava as cartas.

O contexto no qual Rita se movia foi também fundamental e estratégico para a consolidação de sua imagem. Dois programas, ambos da Rede Globo, o *TV Mulher* (1980-1986) e o *Malu Mulher* (1979-1980), apareciam como grandes novidades falando abertamente de temas como sexualidade, direitos reprodutivos, aborto, violência doméstica e direitos das mulheres. O *TV Mulher*, capitaneado pela jornalista Marília Gabriela com a participação da então sexóloga Marta Suplicy, trazia como vinheta o hit "Cor de rosa-choque", música de Rita que desmonta "esse bicho esquisito que todo mês sangra" e remonta uma mulher ainda cor-de-rosa, mas agora rosa-choque.

Na série *Malu Mulher*, a protagonista, interpretada por Regina Duarte, recém-separada, experimentava "ao vivo", em rede nacional, o primeiro orgasmo da TV brasileira e a experiência de liberdade vivida pela mulher independente. Um dos temas da série, como não poderia deixar de ser, foi "Mania de você", em que Rita transforma o amado em objeto de prazer – "Meu bem, você me dá água na boca/ Vestindo fantasia, tirando a roupa". *Malu Mulher* impactou e surpreendeu o público e consagrou sua intérprete para sempre como "a namoradinha do Brasil", tal o interesse sobre a nova mulher naqueles momentos finais da década de 1970 – contexto esse representado superlativamente por Rita Lee.

Se na época houvesse um significante oficial do estatuto feminino, esse significante, na MPB, seria Rita Lee. Dona indiscutível do papel da mulher livre, Rita, curiosamente, não se declarava ou se identificava com o movimento ou mesmo com o *ethos* feminista.

Logo após seu desligamento dos Mutantes, Rita declarou em alto e bom som que ia desmentir o senso comum de que para fazer rock "precisava ter culhão" e mostrar que o rock também se fazia com útero, ovários e sem "sotaque feminista clichê".[126] Sotaque feminista clichê, na perspectiva de Rita, parecia se confundir com uma ameaça à sexualidade enquanto rebeldia transformadora. Cor-de--rosa, sim. Mas que seja choque. Era o medo do feminismo enquanto perspectiva perigosa de perda total da feminilidade e/ou da sexualidade que os *backlashers* (hoje *haters*) do momento se aplicavam em disseminar.

Uma coisa que até hoje me parece bastante intrigante é o corpo fechado do casal Rita e Roberto nessas aparições públicas de afronta total à moralidade burguesa. Leila Diniz ou Norma Bengell, por exemplo, sofreram fortes represálias quando passavam da linha. Não que a censura os tolerasse. Rita e Roberto tiveram problemas com a liberação de suas músicas e shows durante toda a carreira. Nesse sentido, foram fotografados e organizados cronologicamente 51 processos de censura prévia sob o nome Rita Lee, Rita Lee Jones e Roberto de Carvalho, depositados em 48 caixas da documentação do fundo do Departamento de Censura de Diversões Públicas – DCDP, existentes no Arquivo Nacional de Brasília, entre os anos de 1973 e 1988, totalizando 625 documentos. Mesmo assim, não me lembro de nenhuma informação de que Rita ou Roberto tivessem sido fichados como inimigos do sistema como tantos outros artistas durante a ditadura. Se suas letras tinham que ser arduamente negociadas com "D. Solange", a figura feroz da censura na área da cultura, suas performances bastante picantes passavam batidas. É aqui que a gente coloca o dedo nesse casamento do feminismo com o rock.

---

126   LEE, Rita. Op. cit. p. 127.

O cruzamento da rebeldia comportamental que o rock encarnava com a chegada do movimento feminista parecia, como não poderia deixar de ser, explosivo. A contracultura, em tempos de feminismo e ditadura, abria um enorme espaço para a contestação de todos os tipos de poderes e hierarquias, desafiando as bases de um sistema capitalista e patriarcal. Consequentemente, o enfrentamento da identidade tradicional atribuída às mulheres tornou-se bandeira de guerra. Entretanto, ainda que se retroalimentando, a contracultura e o feminismo não eram, necessariamente, a mesma coisa. O feminismo se formava como movimento social e lutava pela libertação das mulheres num sistema patriarcal, e a contracultura buscava alernativas a um sistema social e econômico opressor. Foi no espaço da contracultura e da revolução comportamental que se estabeleceu Rita Lee, com uma estética e uma forma bastante específica de atuação, digamos, não estritamente feminista, mas pop feminista. Seguindo as pegadas de Leila Diniz, um de seus modelos, Rita especulava os múltiplos significados da ideia de liberdade, para além das propostas ativistas e políticas, através da irreverência e rebeldia tão caras a Leila e ao tropicalismo, ao qual se associava. Rita foi dona da própria vida, fez o que quis, gravou o que quis, alcançando a impressionante marca de 55 milhões de discos vendidos. Mas a imagem com que Rita foi recebida pelo público teve sempre o mesmo foco: uma ovelha negra que tinha a feminilidade e irreverência como fatores determinantes em seu trabalho de artista e o sucesso de um casamento feliz com o seu parceiro.

Foi Rita a precursora da expressão aberta da sexualidade feminina na música brasileira. Depois dela veio Baby Consuelo (hoje Baby do Brasil), inicialmente integrante do grupo Novos Baianos, com uma simbiose do rock e do samba, exemplo alegre de autenticidade; em seguida o grupo As Frenéticas, sexteto formado por Sandra Pêra, Leiloca, Lidoka, Regina Chaves, Dhu Moraes e Edyr de Castro, que se apresentava em meados dos anos 1970 no clube noturno de Nelsinho Mota chamado Frenetic Dancing Days e fazia apresentações inesquecíveis graças à fogosidade picante de suas performances, cantando na maior parte das vezes as músicas mais provocantes de Rita Lee e acompanhadas por Roberto de Carvalho (a essa altura ainda namorado de Rita). Alegria e irreverência deram o tom das Frenéticas, que, sem medo de serem felizes, proclamavam, desbocadas, as novas "políticas do corpo" em versão rock 'n' roll.

SOS MULHER

A cantora e compositora Vanusa é, curiosamente, pouco conhecida se considerarmos suas atitudes e composições altamente críticas para a época. Iniciou sua carreira bem cedo, aos dezesseis anos, em 1966, ou seja, dois anos depois do golpe militar. Vocalista da banda The Golden Lions, no interior de Minas, mudou-se para São Paulo e explodiu no programa de televisão *Adoráveis trapalhões* (com Renato Aragão, Ivon Curi e Wanderley Cardoso). Vanusa fora chamada para substituir o astro do programa da TV Excelsior *Telecatch*, Ted Boy Marino, nas lutas simuladas nesse programa de humor, firmando um papel diferenciado para a mulher. Foi reconhecida e aplaudida como talentosa lutadora de telecatch, uma febre naquela época. Como sua personagem fez um sucesso estrondoso, foi bem difícil se livrar dela.

Sua trajetória tem a marca do pioneirismo, sendo a primeira cantora/intérprete a adotar o estilo performático quando dispensa os planos americano e o aberto, únicos usados na TV da época, por perceber que o público da televisão era muito maior que o presente no auditório. Vanusa se exibia para o povão que estava em casa, rolando no chão para interpretar "Era um garoto que como eu amava os Beatles e os Rolling Stones", agitando os cabelos acintosamente e criando um estilo que seria muito usado depois por Maria Alcina, e pelos performáticos dos guetos LGBTs.

Eu queria fazer alguma coisa porque não queria ficar parada, e aquilo foi virando uma marca, porque o artista não trabalhava com o diretor, ele cantava simplesmente ali para o público, eu não! Eu cantava para a câmera, para quem estava em casa, porque tinha muito mais gente em casa."[127]

No seu primeiro LP, lançado em 1968 e que levava seu nome, já veio garantindo seu lugar como compositora, assinando cinco músicas autorais: "Mundo colorido", "Perdoa", "Pode ir embora", "Eu não quis magoar você" e uma parceria com Davi Miranda, a música "Negro", em homenagem a Martin Luther King, assassinado naquele ano:

Lutar, lutar
Pra vencer, vencer
Se esforçar
Pra que o mundo
Vá compreender
Que o negro
Não quer sofrer nunca mais

Tentar, tentar
Até conseguir
E esperar
Que o mundo vá compreender
Que o negro não quer sofrer
Nunca mais
Só quer chances iguais!

---

127 Rodrigo Faour entrevista Vanusa em 2010. Disponível em: https://youtu.be/M0c-G2w8P-0I?t=182 Acesso em: 15 de mar. 2022.

Era uma cantora popular; entrou no mercado já vendendo muito, fosse cantando numa pegada rock, iê-iê-iê, fosse compondo como MPB ou resgatando sambas, sucessos antigos e músicas regionais. Não sentia que os artistas e produtores tivessem algum tipo de preconceito contra ela, mas comentava que os compositores não a priorizavam na entrega de músicas para gravar.

Vanusa não era somente isso, e o tempo comprovaria. Suas composições refletem sua forte personalidade e habilidade adquirida para movimentar-se livremente nos ambientes hostis, fossem eles dentro de casa ou com a equipe de trabalho. Não fosse assim, seu grande sucesso "Manhãs de setembro", do álbum de 1973 que também leva apenas o seu nome, não existiria, pois foi considerado tanto por seu produtor quanto por seu marido uma canção elitista e nada comercial, e que não interessaria a ninguém. Mas Vanusa se impôs e exigiu que "Manhãs de setembro" fosse gravada. Conseguiu, colocando a canção como primeira faixa do lado B, e o resultado foi um sucesso de vendas e no rádio.

Múltipla e multimídia, ela rivalizava com Elis Regina no rigor do canto bem acima da média, da afinação e na qualidade dos conteúdos musicais que interpretava. Apesar de não ser reconhecida como integrante do seleto time da MPB, Vanusa se antecipou à tropicália rompendo a separação entre a música popular/brega e a MPB, tida como mais complexa e intelectualizada. Essa aproximação fica evidente no seu retorno à gravadora RCA Victor, na gravação do álbum *Amigos novos e antigos*, em 1975, uma coletânea de notáveis da MPB. Nele canta "Paralelas", de Belchior, e três composições autorais marcadamente feministas. Temos no mesmo álbum a faixa "Rotina", um grito de guerra:

Você levanta, come e dorme
Limpa a casa e olha o tempo
Se acostuma com o jogo

Não reclama seus direitos
Deixa o sonho amortecer
Deixa o emprego
Na gaveta do criado
Onde o relógio
Não se esquece
De correr
Sua alma, sua palma
Só você vai resolver
Quando é que nesta vida
Você vai crescer?!

Minha amiga,
O tempo passa
Não espera por ninguém
Essas rugas, essa carcaça
O tempo acaba também!

Vê se fala, vê se grita
Vê se assume a tua vida
Ou fica! Fica só!
Vê se fala, vê se grita
Vê se assume a tua vida
Oh! Fica! Fica só!

O LP traz também "Espelho", uma autocrítica severa:

Vê!
Neste espelho eu quis me olhar
Me enfrentar como eu sou
Sem ter mais que me enganar

Vê!
Minha imagem me mostrou
Tantas coisas escondidas
Tão normais
Que eu não podia ver

Além de "Vinho rosê da rainha sem rei", brado de sua independência e autonomia:

Eu já lhe pedi licença
Eu já lhe pedi
Pra deixar eu passar

Se outrora eu fui criança
Vazia e tão pequena
Hoje eu não sou.

Por que chorar
Se a alma debruçou
Num poema que o sol escreveu
E ninguém soube ler por mim?

Eu vou sair da fossa
Eu vou cair de costa
Eu vou tomar o vinho
Mais rosê que eu encontrar
Sem rumo e hora pra chegar
Vou ser rainha sem um rei!

É interessante notar que, ao contrário de suas companheiras da década de 1970, Vanusa não hesita em levantar as bandeiras feministas de defesa dos direitos das mulheres em alto e bom som, sem subtextos ou figuras de retórica. "Mudanças", hit do álbum *Viva Vanusa* (1979), continua repercutindo e foi adotada como hino feminista pela Marcha das Vadias de Brasília em 2013. Diz Vanusa:

> Acho que "Mudanças" foi a grande música que eu fiz pras mulheres. Porque foi logo após minha separação e aí só tem uma coisa que faz você mudar: você mesma! Acho essa letra fantástica, até a escuto pra levantar meu astral. "Mudanças" tem uma coisa que te dá uma sacudida, faz você ir pra frente.[128]

Nessa mesma linha é bom lembrar que Vanusa foi a primeira compositora a abordar e denunciar questões importantes do universo feminino, como os problemas da mulher descasada, tema de "Castigo", e da violência doméstica, cerne da composição "SOS Mulher".

> Vou me expor e confessar que fui covarde porque apanhei de alguns maridos e não os denunciei para não prejudicar minha carreira (...) mas chegava um momento em que eles queriam que eu parasse de cantar e aí não dava mais.[129]

Na ocasião de sua morte, em 2020, um número inacreditável de vozes repercute nas mídias o seu pioneirismo, a coragem e a importância da música de Vanusa. Um grande reconhecimento público aguardando que, pelo menos, as mulheres da MPB a redescubram.

---

128 Música com Sérgio Martins. Disponível em: https://youtu.be/dArCPOUnf64?t=2433. Acesso em: 15 de mar. 2022.

129 *O Globo*, Segundo Caderno, 8 nov. 2020. Disponível em: https://oglobo.globo.com/cultura/vanusa-foi-pioneira-ao-cantar-sobre-violencia-domestica-na-mpb-24735470. Acesso em: 15 de mar. 2022.

LECI BRANDÃO, A COMPOSITORA DAS CAUSAS

Se Dona Ivone Lara foi a primeira mulher a assinar suas composições numa escola de samba, Leci Brandão foi a primeira a ingressar oficialmente na ala de compositores da Mangueira, ainda muito jovem, compondo e concorrendo com veteranos renomados. Foi ainda a primeira mulher a assumir publicamente sua homoafetividade no auge da ditadura. Contemporânea de Chico Buarque, também usou a música como instrumento político de informação, denúncia e provocação. Ao gravar composições autorais que descortinavam o universo de gays, lésbicas, pessoas pretas, suburbanas, de classes sociais mais baixas, Leci trazia à tona temas tratados como tabu, rompendo o silêncio de uma época e impondo uma atitude afirmativa quanto a tudo que era desconsiderado pela mídia e pelas gravadoras e ignorado pela sociedade.

Eu diria que Leci Brandão foi, na década de 1970, para a música o que foi Carolina Maria de Jesus para a literatura em sua época – e mais: o que está sendo hoje o *boom* dos escritores de periferia na literatura.

Na infância, Leci vivia nos fundos das escolas públicas do Rio de Janeiro, onde sua mãe, então servente, trabalhava limpando salas de aula em Madureira, na Pavuna e em Realengo. "Eu tinha calos nas mãos de tanto varrer. Limpávamos em média 25 salas de aula, duas vezes por dia, mas com esse trabalho fomos conquistando as coisas", lembra ela. Morar nas dependências da escola onde estudava pode ter sido um fator importante para sua boa relação com a educação. Quando terminou o antigo primário, foi estudar no reputado Colégio Pedro II, até hoje considerado um dos melhores do país. Naquele espaço privilegiado, além de uma bela inciação intelectual, Leci teve contato com outros mundos, abrindo seus horizontes existenciais e políticos. Ainda na época do Pedro II, participou de um festival de música da União Nacional dos Estudantes (UNE). Por conta da sua boa recepção no palco, ela passou a se apresentar em outras edições de festivais e programas de calouros que apareciam. Em 1968, partiu para tentar a sorte no programa *A grande chance*, de Flávio Cavalcanti, exibido com sucesso na TV Tupi. Leci foi a grande favorita, mas acabou em segundo lugar. De qualquer forma, a experiência lhe deu enorme popularidade, e a Companhia Telefônica Brasileira, onde trabalhava, prometeu-lhe publicamente um aumento de salário e uma bolsa de estudos na universidade. Nenhuma das duas promessas foi cumprida e Leci pediu demissão, indo trabalhar numa fábrica de munições.

Por uma série de coincidências, sua mãe teve contato com Paulina Gama Filho, da Universidade Gama Filho, que já tinha se encantado com Leci no programa de Flávio Cavalcanti e ofereceu a ela um emprego administrativo na universidade, com bom salário.

Trabalhando no departamento pessoal, viu muitos professores serem demitidos por se pronunciarem contra o regime, pessoas infiltradas nas salas de aula para pegar professores e alunos com ideias tidas como subversivas. O contato com uma esquerda letrada que discutia questões de raça e classe abria um novo horizonte na sua frente. Uma das pessoas com as quais conviveu durante esse período foi a professora Lélia Gonzalez, mulher negra, antropóloga, militante do movimento negro. Lélia já discutia questões de gênero, raça e classe, e Leci Brandão foi atingida em cheio por aquela perspectiva de pensar a vida, o que mudaria sua arte de maneira irreversível.

Em 1970, ela se apresentou no Festival de Música da Universidade Gama Filho, com a música "Cadê Marisa", uma letra cifrada sobre o desaparecimento de pessoas, tão comum durante a ditadura. A música foi comparada às letras cifradas de Chico Buarque, considerado o rei das canções de protesto contra o regime. Outra composição sua, "Deixa pra lá", entre muitas outras, é exemplo dessa estratégia de trabalho político que explora a ambiguidade e o que está nas entrelinhas. Leci compôs a música mais ou menos na mesma época em que Chico Buarque escreveu a famosa "Apesar de você". As estratégias de ambiguidade e entrelinhas são inegavelmente iguais, mas somente Chico é reconhecido como cantor de protesto, o que comprova a perpetuação do limite criado entre a MPB e a música popular, contexto do qual Leci fazia parte como sambista. É interessante que, nesse período, o samba esteve presente nos LPs dos maiores artistas da MPB, mas o gênero nunca foi entendido como parte do gênero. Muito menos os sambistas. Podemos pensar em preconceito e exclusão ou é exagero?

Já conhecida no meio do samba, Leci chamou atenção de José Branco, então tesoureiro da ala de compositores da Mangueira, que lhe sugeriu pleitear um lugar na ala de compositores da escola. Não foi fácil, porque a ala era composta só por homens e pretendia assim continuar. Ela foi admitida primeiramente para um estágio e, no fim de um ano, aos 27 anos de idade, se tornou a primeira mulher compositora da Mangueira, em 1972. Esse acontecimento virou notícia e levou a carreira de Leci Brandão para um outro patamar.

Já no ano seguinte, em 1973, Leci cantava na Noitada do Samba, evento que acontecia no Teatro Opinião. Ali, a cantora fisgou a atenção do jornalista e produtor musical Sérgio Cabral, que a convidou para gravar um disco. Assim, naquele ano, na gravadora Marcus Pereira, Leci Brandão gravava o primeiro álbum de sua carreira.

O segundo grande momento de Leci foi sua participação no programa da TV Cultura *MPB Especial*, em 1974. Era um programa intimista, que misturava apresentação musical e entrevista. Dessa vez o convidado foi nada menos do que Cartola, que levou com ele uma jovem sambista em ascensão, Leci Brandão. Juntos, alternando canções e modulações, Leci e Cartola foram protagonistas de uma apresentação histórica.

A sambista se tornava mais conhecida e sentia certo desconforto com a imagem que estava sendo construída pela esquerda como um fetiche: mulher negra do subúrbio, guerreira, vida difícil, que cantava com força e indignação. A isso ela respondeu, em 1976, no seu segundo LP, *Questão de gosto*, na faixa "Ritual", que falava sobre a esquerda festiva que consumia o samba mas não se aproximava das comunidades. O sucesso desse LP rendeu a Leci um longo contrato com a PolyGram.

Em 1977, o LP *Coisas do meu pessoal* trouxe uma provocação inédita. A música "Ombro amigo", tema da novela *Espelho mágico*, da TV Globo, foi a primeira canção direcionada à comunidade LGBT. O disco chamou atenção dos editores do jornal gay *Lampião da Esquina*, e Leci foi convidada por eles para uma entrevista, a qual se tornou icônica. Perguntada sobre seu relacionamento com a população LGBT, Leci responde:

> O fato de eu ser homossexual é uma coisa que não me incomoda, não me apavora, porque eu não devo nada a ninguém. Quero que as pessoas enxerguem meu lado homossexual como uma coisa séria, que haja respeito. A gente já é marginalizado, de cara, pela sociedade. Então a gente se une, se junta, dá as mãos. E um ama o outro, sem medo nem preconceito. É um negócio maravilhoso, no qual estou me atirando de cabeça, realmente. É o mais produtivo mergulho que já dei em mim mesma e na vida![130]

Leci era pioneira não apenas por se assumir publicamente lésbica, mas também por assumir seu engajamento com as questões das mulheres negras e das causas LGBT. Nesse sentido, seu papel no letramento social das comunidades foi fundamental. Daí para a frente, não tinha mais volta; seu perfil político estava definido, a carreira, consolidada e ela tinha assinado um contrato sólido com uma multinacional importante do mercado musical. Lançou quase

---

130 Entrevista ao jornal *Lampião da Esquina*, nº 6, nov. 1978, p. 10-11. Entrevista por José Fernando Bastos e Antônio Chrysóstomo.

seguidos mais quatro LPs pela PolyGram, em 1976, 1977, 1978 e 1980, sempre com ótimos resultados.

Mas em 1981 sua carreira desandou. O repertório apresentado pela compositora não foi aceito pelos diretores da gravadora, pois era tido como pesado, com muito protesto e crítica social. Queriam que Leci trouxesse outros tipos de composições. Ela foi para casa e escreveu uma carta comunicando sua decisão de se demitir da gravadora. Essa ousadia custou muito caro à sua carreira. Leci ficou cinco anos sem gravar, sem tocar nas rádios, praticamente sem fazer shows. Só voltaria em 1985, pela gravadora Copacabana. O álbum *Leci Brandão*, que contém três dos maiores sucessos de sua trajetória, "Isso é fundo de quintal", "Papai vadiou" e "Zé do Caroço", estourou, marcando a sua retomada.

A tônica de sua música continuou a ser a realidade das populações negras, principalmente as mais pobres, e também as lutas das minorias sociais marginalizadas. Nunca, em nenhum momento, Leci se furtou da oportunidade de defender as causas em que acreditava e pagou caro por isso. Afinal, não se admitia que uma pessoa humilde, sambista, mulher e negra fizesse aquele tipo de composição com teor social. Isso na MPB era coisa para os cantores brancos e bem-sucedidos. A discografia de Leci mostra músicas que falam de indígenas, de ecologia, quando essa palavra ainda não estava na moda; falam sobre prostitutas, mães, donas de casa, crianças... enfim, Leci assumiu bandeiras difíceis e foi estigmatizada por isso.

Mas seu ativismo não se confinou às composições. Ela se envolveu na campanha das Diretas Já, ajudou na realização do I Encontro Nacional de Mulheres Negras, em 2001, foi uma das fundadoras do Partido Poder Para Minoria, que se propunha a ser o primeiro partido negro do Brasil. Em 2004, passou a integrar o Conselho Nacional de Promoção da Igualdade Racial, órgão colegiado da Secretaria Nacional de Políticas de Promoção da Igualdade Racial, o que fez dela representante da sociedade civil perante o presidente da República na primeira Conferência Nacional de Promoção da Igualdade Racial, em 2005. Leci se envolveu ativamente nos debates a respeito das cotas raciais, que eram a pauta da hora naqueles anos. Em 2010, se tornou a segunda mulher a ser eleita para a Câmara dos Deputados de São Paulo, cargo que ocupa até hoje.

A CENA INDEPENDENTE

As compositoras e instrumentistas mulheres mostraram, desde o início, um tremendo mal-estar no mercado brasileiro da música. Ou eram rejeitadas por estarem fora de seu lugar "natural", o de intérpretes, ou eram levadas pelas gravadoras a assumir uma imagem que sentiam ser inadequada. Um exemplo já citado neste capítulo é a gravadora representando Joyce, na capa de *Encontro marcado* (1969), como uma mulher provocante e sexy, o que fez com que a compositora encerrasse de imediato o seu contrato. São inúmeros os exemplos desse tipo. O controle sobre a imagem das artistas era quase uma regra, talvez para colocá-las de volta "no seu lugar". Portanto, é previsível a criação de uma grande cena independente, que de fato acabou sendo construída tanto por mulheres artistas de renome quanto por aquelas que formaram uma rede autônoma e se apresentaram com não menos sucesso ao vivo ou em gravações autogeridas. A seguir, falo de algumas dessas mulheres que buscaram e afirmaram seu lugar na cena independente musical brasileira do período.

Luli e Lucina, pioneiras

A dupla Luli e Lucina foi um desses casos e ganhou importância no meio musical dos anos 1970. Lucina começou sua carreira de compositora em 1966. Antes era apenas cantora no grupo Manifesto, nascido na casa de Lucina, no Leme, no Rio de Janeiro, e formado por "amadores" como Gracinha Leporace, Mariozinho Rocha, Fernando Leporace, Junaldo, Augusto César Pinheiro, José Renato Filho, Guto Graça Melo e Guarabyra, este último vencedor do II Festival Internacional da Canção de 1967 com a música "Margarida". O grupo durou pouco, apenas dois anos, e Lucina deu início a uma parceria com Joyce, começando a se definir como compositora. Uma de suas primeiras músicas foi "Pedra de rio", lançada no álbum solo de Ney Matogrosso *Água do céu – Pássaro*, em 1975, e que alcançou imediatamente uma forte repercussão.

Na faculdade de comunicação da Universidade Federal Fluminse (UFF), em Niterói, na qual ingressara em 1970, Lucina foi escolhida para produzir um festival de artes integradas com um grupo que se encontrava na casa da Luli, então formada em belas-artes e design gráfico. Impressionada com as composições de Luli, Lucina – que abandonaria a comunicação pouco tempo depois para estudar música – decidiu mostrar a ela seu repertório. Depois de um mês, as duas tinham vinte músicas em parceria e a dupla estava formada. Em 1972, se apresentaram no VII Festival Internacional da Canção com a música "Flor lilás", lançada no mesmo ano. Lembra Lucina:

> A música "Flor lilás" é extremamente hippie e fala dos medos de pessoas tão jovens – "o que eu vou fazer da minha vida?", "eu tenho medo de um raio cair na minha cabeça; e se cair na minha cabeça, o que pode acontecer?" Pode nascer uma flor lilás. Enfim, é uma saída psicodélica para o medo, vamos dizer assim.[131]

A música não teve sucesso popular, mas foi muito bem no Festival Internacional da Canção, abriu portas inclusive para que fossem convidadas por Lennie Dale para um show que as lançaria na boate Pujol, ao lado dos Dzi Croquettes. O primeiro álbum da dupla, *Luli &*

---

131   Entrevista com Lucina, realizada em 28 de setembro de 2020.

Lucina, foi lançado em 1978 no Parque Lage, com uma grande festa. Era o primeiro disco independente feito por mulheres no Brasil. Recebeu forte apoio e respaldo da imprensa e das rádios, criando seguidores em todo o país. Essa adesão foi o motor para a dupla criar uma associação de músicos independentes, à qual se juntaram grupos como Barca do Sol, Boca Livre – este o primeiro grupo que explodiu – e músicos como Danilo Caymmi. A cena alternativa encontrava ali uma plataforma coerente de produção, já que nos anos 1970 a ideia de mercado conflitava com a noção de sociedade alternativa com que os jovens sonhavam, mergulhados no *ethos* da contracultura do momento.

Luli e Lucina iam contra toda e qualquer imposição mercadológica que poderia ser ditada pelas gravadoras. A dupla chegou a receber uma proposta da Phonogram, mas não era o que queriam. Preferiam andar por todos os caminhos, sem rótulos e livres para experimentar formatos, ritmos e letras. Sua música independente refletia um estilo de vida totalmente alternativo, livre, um comportamento à época considerado ousado para as mulheres – e pode-se dizer ainda é visto dessa forma.

Luli e Lucina escolheram morar isoladas em um sítio em Mangaratiba, região litorânea do Rio de Janeiro, junto com Luiz Fernando Borges da Fonseca, companheiro das duas ao longo de mais de quinze anos e pai de dois filhos de Luli e dois de Lucina. Luiz Fernando era fotógrafo e foi autor de capas de discos de Ney Matogrosso, Joyce e da dupla.

Ali, à beira-mar, começavam o dia assistindo ao nascer do sol em meio a um cenário de sonho. Luli e Lucina elaboravam suas composições entre um ou outro trabalho na horta, enquanto Luiz Fernando passava o dia no laboratório de fotografia ou esculpindo madeira. Viviam a cinco, como definem: Luli, Lucina, Luiz Fernando, a música e a fotografia. Dessa forma, criaram uma história única e incomum, compondo cerca de oitocentas canções, gravadas por diversos artistas da MPB, como Ney Matogrosso (que tem pelo menos uma música da dupla em cada um de seus discos, entre elas "Bandoleiro", "Coração aprisionado", "Êta nóis", "Bugre", "Me rói" e "Pedra de rio"), Nana Caymmi, Wanderléa e Joyce. Luli também é parceira de João Ricardo em dois sucessos do grupo Secos & Molhados gravados em 1973: "Fala" e "O vira".

A vida de Luli e Lucina foi fortemente abalada em 1990, com a morte de Luiz Fernando, vítima de um câncer linfático. "A música sobreviveu, mas a gente não", afirma Lucina.[132] Em 1997, a dupla se separou e as artistas partiram para carreiras solo. Conta Lucina:

> Comecei uma carreira solo e fui muito bem, mas o importante é que a dupla acabou, mas a parceria não. A parceria continuou porque somos uma família, uma tribo, como a gente chamava. Nossos filhos são irmãos, é muito vínculo. A Luli teve duas meninas e eu tive gêmeos. Um vínculo muito forte que permaneceu até o falecimento da Luli, há dois anos.[133]

Luli morreu em 2018, aos 73 anos. Morando atualmente em Campinas, São Paulo, Lucina compõe sem parar, sozinha e com parceiros como Zeca Baleiro, e prepara um CD de inéditas de Luli e Lucina. "Antes arte, do que tarde", brinca, citando o amigo Bené Fonteles.

O som agudo de Tetê

No fim dos anos 1970, no mesmo ambiente independente da música, Tetê Espíndola construiu uma carreira singular. Nascida em Mato Grosso, chegou em São Paulo em 1977 e logo encontrou o músico e compositor Arrigo Barnabé, aderindo a seu grupo Vanguarda Paulista. A Vanguarda se caracterizava pela estética experimentalista, pela

132 Ibid.
133 Ibid.

busca de novos caminhos dentro da MPB, pela produção independente e a intensa colaboração interpessoal dos músicos de diversas tendências, tendo como centro agregador o Teatro Lira Paulistana, onde a maioria dos integrantes se apresentava. Entre os nomes mais conhecidos desse momento paulista, destacavam-se, além de Arrigo, Itamar Assumpção, o Grupo Rumo, os grupos Premeditando o Breque (Premê) e Língua de Trapo, além de outros artistas que também traziam propostas inovadoras no período. Entre as mulheres, estavam Suzana Salles, Vânia Bastos, Virgínia Rosa, Tuca Marcondes.

O trabalho independente de Tetê junto ao grupo da Vanguarda Paulista – até então ela havia gravado *Lírio selvagem* (1978) e *Piraretã* (1980) – começou com o disco *Londrina*, produzido por Arrigo Barnabé, quando ela se enturma rapidamente com os artistas sediados em São Paulo, que vinham de vários estados. Tetê era, de fato, uma personagem de vanguarda. Já falava precocemente de ecologia e políticas ambientais, recusava o microfone e usava roupa de macramê. Seu trabalho musical trazia especificidades interessantes para sua associação a um grupo experimental. Desde o início da carreira, tocava um instrumento raro, a craviola de doze cordas. Com ela, compunha e fazia arranjos, explorando sua oitava, fazendo solos caipiras e usando a voz como instrumento, inspirada pelos pássaros de sua terra natal.

Tetê se firmaria como cantora e compositora somente em 1982, com o disco que ela mesma produziu, *Pássaros na garganta*, imprimindo seu jeito único de cantar com fortes agudos, um estilo sem paralelo na música brasileira. "Senti que o meu agudo foi como uma flecha no ouvido das pessoas", lembra ela. Com esse trabalho, Tetê é premiada pela Associação Paulista de Críticos de Arte (APCA) como cantora revelação.

Em 1985, gravou o disco *Gaiola* na multinacional Barclay/Ariola. Em seguida, lançou "Escrito nas estrelas", canção que arrebatou o primeiro lugar no Festival dos Festivais da TV Globo, no mesmo ano, levando o disco mix homônimo, lançado às pressas, a vender 50 mil cópias em uma única semana.

Depois desse *boom* comercial, Tetê decidiu retomar a carreira independente e se jogou de corpo e alma numa pesquisa sobre pássaros, que durou três anos e cobriu o Brasil inteiro. Também resolveu abrir, em 1986, seu próprio selo, o Luz Azul, pelo qual lançou *Fiandeiras do Pantanal* (2002), em parceria com a poeta Raquel Naveira; *Espíndola canta* (2004), com os irmãos Espíndola; *Zencinema* (2005), com músicas do marido Arnaldo Black; *E va por ar* (2007), inteiramente dedicado a composições dela, algumas em parceria; e *Babeleyes* (2009), segundo trabalho com Philippe Kadosch, composto sobre sons de línguas mortas, raras e ameaçadas. Se não vemos um posicionamento estritamente feminista de Tetê, ou depoimentos sobre o papel da mulher no meio musical de então, seu próprio comportamento no mercado musical e fonográfico atesta a busca por uma trajetória pessoal despreocupada em atender às expectativas comerciais que moldavam o papel das cantoras e compositoras na época.

A música híbrida de Alzira Espíndola

Da mesma família Espíndola vem Alzira, sétima filha de um total de oito irmãos, sendo sete artistas. Assim, Alzira não encontrou muita saída a não ser tocar violão desde a primeira infância. Com oito anos de idade, já compunha e era incentivada a seguir carreira. Chegou em São Paulo no mesmo ano em que a irmã Tetê, em 1977, para gravar com ela. Tetê deslanchou por seus caminhos, enquanto Alzira saiu em busca de um disco individual, e conseguiu que um padre de Mato Grosso do Sul o produzisse, em 1987, tendo como título o seu nome.

Alzira sempre foi independente por opção. Desenvolveu um trabalho longe do mercado, construindo um repertório híbrido que vai da discoteca, do pop, passando pelos sertanejos e tirando um som igualmente pessoal. O disco *Amme*, produzido por Itamar Assumpção e lançado em 1991, marcou sua entrada na produção independente. O trabalho teve boas repercussões, ganhou excelentes críticas e terminou valendo uma indicação como cantora ao prestigioso prêmio Sharp.

Naquele momento, próxima de músicos da Vanguarda Paulista, Alzira percebeu que se identificava com o movimento. Mas, segundo ela, nem mesmo nessa cena independente as mulheres se sentiam à vontade. As abordagens machistas, barreiras invisíveis e mesmo algumas intimidações eram, infelizmente, muito frequentes. Mesmo numa proposta de liberdade, como era a da Vanguarda Paulista, as mulheres ainda sofriam preconceito e frequentemente "tinham que mudar seu caminho". Alzira, no entanto, manteve o dela, da maneira que quis, produzindo uma música de rara independência e originalidade.

Uma antiestrela genial

Ná Ozzetti, ou Maria Cristina Ozzetti, conheceu a música no ambiente familiar, no qual o irmão Dante era violonista e compositor; a irmã Martha, flautista; e o irmão Marco, guitarrista. Era praticamente fatal que Ná se dedicasse à música. Começou aos quinze anos, como backing vocal da banda de Dante em festivais interescolares de música. Mas foi somente durante a faculdade de artes plásticas, na Faap, entre 1976 e 1979, que se profissionalizou como cantora. Lá conheceu Paulo Tatit, integrante do então ainda desconhecido Grupo Rumo,[134] fundado em 1974 por alguns estudantes universitários. A banda, formada apenas por homens, procurava uma vocalista feminina. Ná Ozzetti assumiu o posto em 1979 e nele permaneceu até a dissolução do grupo, em 1992. O Grupo Rumo integrava o movi-

---

134 O Grupo Rumo era composto por Hélio Ziskind (violão, flauta, sax e gaita), Akira Ueno (baixo, guitarra e bandolim), Geraldo Leite (vocal), Paulo Tatit (violão e arranjos), Gal Oppido (bateria e percussão) e Zecarlos Ribeiro (vocal). A eles se juntam mais tarde Ciça Tuccori (piano), Ná Ozzetti e Pedro Mourão (vocais).

mento Vanguarda Paulistana, que marcou a cena musical independente da cidade de São Paulo. Paralelamente, Ná aprofundava seus estudos musicais com o canto lírico e com aulas dança, atividade que praticaria por vários anos.

Em 1983, acompanhada pelo irmão Dante, começou a trilhar nos palcos sua carreira solo, oficializada em 1988 com o álbum *Ná Ozzetti*, vencedor do prêmio Sharp de revelação feminina na categoria MPB. O segundo disco, *Ná* (1994), foi marcado por canções próprias, em parcerias com Itamar Assumpção ("Inspiração", "Só comigo" e "Lá vai a Ná na nave pra lá", as duas últimas com Dante Ozzetti), Luiz Tatit ("Atração fatal" e "Nosso dia D"), Edith Derdyk ("Lugar") e Suzana Salles ("O verde que cai pro mar"). O álbum, menos experimental que o anterior, com uma leitura da ária da ópera *Carmen*, de Bizet, conquistou os prêmios Sharp de melhor disco e melhor arranjador (Dante Ozzetti) na categoria pop-rock. Em 1996, ela lançou *Love Lee Rita*, só com canções de Rita Lee, o primeiro a fazer sucesso no rádio, com a faixa "Modinha" entre as mais tocadas. Com o CD *Estopim* (1999), inaugurou seu selo independente (Ná Records) e deu continuidade às antigas parcerias, entre elas "Canto em qualquer canto", com Itamar Assumpção, gravada por Mônica Salmaso em 1998, e "Capitu", com Luiz Tatit, gravada por Zélia Duncan.[135]

Como podemos ver, estou transgredindo minha própria periodização, cujo limite é a virada da MPB em 1979, quando as mulheres dominaram a cena musical. No caso de Ná, faço isso pela importância do papel que ela ocupou no trabalho da Vanguarda Paulista, cerne da cena independente dos anos 1970. E isso para uma mulher não é pouco.

O caráter experimental radical de Ná também me levou a avançar meus próprios parâmetros por ser ainda bastante ligado aos com-

---

135 Entrevista à Rádio Cultura Brasil, em jan 2010: Cultura Brasil - Supertônica - A voz do rumo (ou o rumo da voz) (cmais.com.br).

positores da cena independente. Enfim, me dei essa licença por achar que Ná Ozzetti merecia ser exceção. O importante da cena independente, além de sair das normas e da pressão do mercado, era o uso da liberdade feito pelas artistas, liberdade também para a manifestação de personalidades e para a expressão criativa das mulheres. Vale lembrar que a produção independente não era prerrogativa apenas da música. Nos anos 1970, tivemos o cinema marginal, independente, que conseguiu interpelar o dogmatismo do Cinema Novo; a poesia marginal, também à margem do mercado e que trouxe de volta a oralidade e o humor que estavam bem distantes da poesia tradicional; o teatro de rua e os *happenings* das artes plásticas, todos constituindo-se como alternativas ao *mainstream* e à mão pesada do mercado. O que me parece o diferencial dessa área é o intenso impulso experimental presente tanto na composição quanto na interpretação da canção, especialmentre do grupo de São Paulo.

Com um preparo de voz invejável acrescido das técnicas do canto lírico, Ná investe no canto falado, recurso que consiste em mimetizar, na entonação da canção, os desenhos melódicos característicos da fala. As canções chocam exatamente por se situarem, na maioria, numa tênue fronteira entre a conversa e o canto. Nos primeiros álbuns, esse recurso é mais evidente, em interpretações como a de "Sua estupidez", de Roberto Carlos e Erasmo Carlos, registrada em *Ná Ozzetti* (1988). Nessa gravação, a cantora alterna o canto tradicional ao falado, fazendo com que o ouvinte oscile entre o estranhamento e o reconhecimento da composição. Os versos iniciais têm sua melodia totalmente alterada, quase irreconhecível, cantados sobre notas paradas com poucas variações melódicas. Pouco depois, a melodia original aparece, mas numa entonação bastante particular, cheia de portamentos (deslizes da voz entre uma altura e outra, como o que se ouve na sílaba "lhei" do verso "Não dê ouvidos à maldade alheia e creia"), um dos traços mais característicos do estilo da cantora. Novas passagens "faladas" se alternam às cantadas, até a voz explodir num canto vigoroso, a plenos pulmões, para se encerrar numa expressão coloquial, inexistente na canção original: "Viu?"

O ecletismo do repertório é outro elemento bastante característico da intérprete Ná Ozzetti. Desde o primeiro álbum, a cantora opta por fundir releituras de canções já conhecidas, de diferentes épocas e estilos (como a já citada "Sua estupidez", "No rancho fundo", de Ary Barroso e Lamartine Babo, ou "Dois irmãos", de Chico Buarque), a composições inéditas de antigos parceiros, como Itamar Assumpção, Luiz Tatit e José Miguel Wisnik. Além disso, a cantora faz questão de participar da concepção dos arranjos, o que torna cada disco um trabalho 100% autoral. Finalmente, há o aspecto cênico, que a torna inconfundível. Os gestos corporais, em que transparecem os anos de prática de dança, bem como a expressividade facial, tornam suas apresentações ao vivo impactantes.

Eu não poderia deixar, portanto, de incluir, ainda que brevemente, no rol de nossas compositoras essa antiestrela genial.

MARLUI, UM CASO ESPECIAL

Marlui Nóbrega Miranda é um caso à parte na MPB, e por isso aqui já não falamos da cena independente. Nascida no Ceará, Marlui mudou-se em 1959 para Brasília, onde se graduou em arquitetura pela Universidade de Brasília e regência pela Faculdade Santa Marcelina. Em 1971, mudou-se para o Rio, ingressando no Conservatório Villa-Lobos. Estudou violão clássico com os maiores mestres do momento, como Turíbio Santos, Oscar Cáceres, Jodacil Damaceno, João Pedro Borges e Paulo Bellinati, e logo iniciou parcerias com nomes expressivos da música brasileira: Egberto Gismonti, Hermeto Pascoal, Taiguara, Milton Nascimento, Jards Macalé, Gilberto Gil, Naná Vasconcelos, Rodolfo Stroeter, compondo trilhas sonoras para teatro e cinema, um ambiente pouquíssimo frequentado por mulheres. Alguns exemplos de trabalhos na área são *Brincando nos campos do senhor*, filme de Hector Babenco, de 1992, e *Hans Staden*, de Luiz Alberto Pereira, cuja trilha sonora, criada por ela, foi premiada.

Marlui é, sobretudo, cantora e compositora, e fez da pesquisa e do ativismo na defesa dos direitos indígenas ponto central de seu trabalho. Desde 1974 se dedica apaixonadamente a pesquisas sobre as tradições musicais dos povos da Amazônia. Suas investigações não se apoiam em modelos acadêmicos, apesar de seu estudo bibliográfico extenso e profundo, o que a levou a procurar um doutorado na USP. Marlui não é, no entanto, uma pesquisadora *stricto sensu*, e é esse cruzamento de pesquisa/ativismo/composição/interpretação que faz dela uma figura sem par no campo da música.

Os estudos de Marlui Nóbrega Miranda sobre a produção musical de diferentes grupos indígenas brasileiros resultaram em uma obra extensa e em vários álbuns musicais, como *Ihu – todos os sons* (1996); *Rio acima* (1986); *Revivência* (1983); *Olho d'água* (1979), *Fala de gente, fala de bicho* (1994), com músicas do povo juruna. Por seu trabalho musical sofisticado e engajado, ganhou diversos prêmios e distinções acadêmicas internacionais e teve ainda uma importante atuação como professora visitante em universidades como Chicago e Dartmouth College, e como artista residente na Universidade de Indiana.

Apesar desse reconhecimento, Marlui lembra da hostilidade e do estranhamento em relação ao seu trabalho no começo da carreira, em especial de uma grande vaia que recebeu no palco do Teatro Amazonas, em Manaus, em 1979, ao cantar uma canção indígena.

> Na época eu só cantava música do povo suruí. E ninguém conhecia nada de música indígena. Só tinha elite no teatro. Então cantei uma canção suruí com o jeito suruí de cantar. E foi bem violento, foi xingação, palavrão. Bastante agressivo. Mas eu parei no meio da música e falei assim: "Quero que levante o primeiro que não

tenha sangue indígena." Ficou um silêncio. Aí parou um pouco. Depois que falei isso, chorei. Entrei num palco que só recebia ópera e músicos conhecidos. Era um lugar proibido para a música indígena. Mas essa vaia foi a coisa melhor que pude receber. Me deu força para continuar.[136]

E prossegue na mesma matéria:

Eu sempre andei na periferia da música. Meu assunto sempre foi música indígena, que eu sempre tratei muito bem. Mas é uma música não comercial, o público ainda está sendo formado. Quando comecei, não existia esse público. Começou a existir a partir do trabalho que comecei a fazer. Foi em 1979, quando saiu meu primeiro LP, *Olho d'água*, com uma música indígena kraô. Depois gravei o *Rio acima*, o *Revivência*. Não gravei muita coisa. Sempre coloquei a pesquisa antes da gravação. Fazer música indígena é meu projeto de vida. Nunca abri mão por nenhuma oferta: "Marlui, grava isso." Eu sempre fiquei firme nesse caminho. Não sou uma pessoa de *mainstream* (tendência musical). Essas coisas dão muito trabalho porque envolvem a ética. Para eu fazer um CD com a música juruna, que foi o *Fala de bicho, fala de gente*, foi um longo processo. Teve pesquisa, teve uma reunião para discutir. Se a comunidade não quer que a gente grave, não vou gravar. E também não vou se a comunidade não combinar. São milhões de fatores que não abro mão. Claro que torna a coisa mais difícil, saio mesmo fora desse esquema pop, comercial. Eu já saí há muito tempo.[137]

---

136 Entrevista a Amazônia Real. Disponível em: https://amazoniareal.com.br/ha-38-anos-marlui-miranda-foi-vaiada-por-cantar-musica-indigena-no-teatro-amazonas/. Acesso em: 15 de mar. 2022.

137 Ibid.

Em sua trilha ativista, Marlui Miranda contribuiu com um projeto de lei para a proteção de direitos de autoria para os povos indígenas, na revisão do Estatuto do Índio, em 1993, e é considerada a mais importante pesquisadora e a grande referência internacional desse tipo de música do Brasil.[138] Prossegue batalhando para que a música indígena não seja colocada nas categorias de música popular ou música indígena brasileira. Trata-se de música tikuna, mundurucu, yanomami, música de povos específicos com suas fronteiras próprias.

De várias formas e maneiras, as mulheres se moveram no difícil xadrez da criação e do mercado da MPB. Enfrentaram barreiras e abriram com ferro e fogo caminhos experimentais, inovadores e radicalmente políticos como se apresentava a missão da MPB nos idos dos Festivais da Canção. Tanto fizeram, que escancararam as porteiras da música para a avalanche de talentos e vozes que deu ao ano de 1979 o nome de ano das mulheres.

O ANO QUE RESSIGNIFICOU A MPB

O ano de 1979 ficou conhecido como o ano das mulheres na música pela quantidade de novas cantoras e compositoras que surgiram e viriam a estourar na década de 1980. O contexto político era animador. Em 1978 foi revogado o AI-5, que nos retirava radicalmente os direitos civis. Em 1979, era proclamada a Lei da Anistia, que trouxe de volta os exilados políticos em meio a uma euforia geral. As perspectivas prometiam. E as mulheres tomaram a dianteira. Foi o conhecido *boom* feminino da MPB. Grandes cantoras se afirmaram com incrível sucesso. Entre elas, Gal, Bethânia, Clara Nunes e Alcione já tinham uma importante discografia e sucessos acumulados ao longo dos anos 1970 e chegavam ao fim da década com

138 Projeto Diversidade em Ciência, *Jornal da USP*, 24 jun. 2019.

a carreira consolidada; Beth Carvalho, também com uma série de discos lançados, só estourou mesmo naquele ano de 1979. Simone e As Frenéticas eram novidades do fim da década, ganhando notoriedade no momento.

Mas também as compositoras, tema deste capítulo, se multiplicaram. Nessa esteira surgiu Angela Ro Ro – uma releitora de Dolores Duran e sucessora de Maysa –, que estourou em dezembro de 1979 com a música "Amor, meu grande amor", o grande hit do ano. Mas Angela não parou aí. Sua vida boêmia, com amores violentos e escândalos, acabou por torná-la uma artista maldita que foi procurar no jazz e no blues, *à la* Janis Joplin, a expressão de suas emoções e sentimentos intensos. Angela é um dos nossos maiores exemplos de desafio dos limites e preconceitos atribuídos à liberdade das mulheres.

Fafá de Belém construiu um repertório eclético, ligado às suas raízes nortistas, incluindo forrós, modinhas e o carimbó. A cantora chamou atenção por seu timbre grave, quente, encorpado e sedutor, tornando-se uma das grandes intérpretes da década. Em entrevistas e nas letras das canções de seu repertório, ela trouxe com ênfase a discussão do papel das mulheres na sociedade e na MPB. Fafá participou ativamente de todos os 32 comícios realizados no movimento das Diretas Já, transformando-se em um dos símbolos do movimento e se valendo ainda do filão engajado da pós-ditadura e feminismo.

Joanna, explorando seu timbre de voz ao mesmo tempo suave e potente, especialmente para canções românticas, se consolidou como uma das melhores cantoras do país. Como compositora, mostrou a explosão feminina na música ecoando as conquistas libertárias e políticas do feminismo da época.

Marina Lima chegara dos Estados Unidos em meados dos anos 1970, carregada de informações do pop internacional e impactada com composições belíssimas, encarnando a imagem da mulher moderna, independente e descolada, dona de uma postura feminina roqueira, que se apresentava com sua guitarra. O caso de Marina demonstra claramente a resistência da MPB e do mercado musical em relação a mulheres compositoras. Assinou um contrato com a Warner em 1976, mas só conseguiu gravar em 1979 porque insistia em defender um trabalho autoral, o que custou muito a ser aceito pela gravadora. Segundo a artista, sua carreira se fazia no tripé compositora, instrumentista e cantora. Havia começado sua trajetória como instrumentista, como lembra:

> Então como eu já tocava muito bem e estudava para ser também arranjadora, comecei a compor melodias e harmonias complexas. E havia uma soberba dos homens em relação a isso. Acabavam colocando um homem pra tomar conta. E eu acabei com fama de difícil porque defendia os meus acordes.[139]

O conflito maior surge na gravação de *Olhos felizes*, quando colocaram o arranjador Lincoln Olivetti para fazer todos os arranjos do disco, o que, ainda segundo Marina, apesar de ele ser um grande profissional, tornou o disco *standard*, bem diferente daquilo que ela gostaria de ter feito. Marina saiu da Warner, foi para Ariola e produziu *Certos acordes* em 1981, esse, sim, já 100% autoral, estabelecendo sua autonomia, marca que levou para todos os outros trabalhos que se seguiram.

Muitas compositoras foram chegando e cada vez mais dando o tom da MPB. Mas aí já estamos em outra história.

---

139 Entrevista com Marina Lima, realizada em 17 de fevereiro de 2022.

ninia
guils
conlu

MINIADVERTÊNCIA À GUISA DE CONCLUSÃO

Estamos em março de 2022. O feminismo (assim como o antirracismo) hoje ganhou visibilidade, está praticamente em todas as agendas acadêmicas, políticas, de empresas, instituições e escolas. Depois do momento discutido neste livrinho, veio a terceira onda, com a força do pensamento teórico feminista e a bandeira do direito de as mulheres interpretarem o mundo com seus próprios instrumentos de experiência e conhecimento, e, algum tempo depois, chega a surpresa da quarta onda, usando a internet e lacrando de vez o tema, com a participação entusiasmada das meninas não analógicas, como éramos nós, nos idos de 1975.

Aparentemente, em vez de constrangimento, hoje as mulheres sentem orgulho de serem feministas e portam camisetas, sacolas e o próprio corpo aderindo e expressando os direitos (já conquistados ou ainda não) das mulheres. Mas, para quem acha que estamos todas de acordo e celebrando, há ainda um nó a ser desatado.

A adesão ao feminismo tornou-se o privilégio de uma elite intelectual ou de uma classe média branca ou negra com largo acesso à educação e à informação. Mulheres de favelas, comunidades ou mesmo subúrbios não se reconhecem nele e até mesmo rejeitam a adesão ao feminismo. Essas mulheres, na maior parte das vezes protagonistas de lutas contra a violência doméstica e policial, contra o machismo exacerbado no interior de suas famílias, empregos, trabalhos e mesmo diante da lei, não se veem contempladas nas pautas feministas a não ser enquanto categorias profissionais ou sindicalizadas.

Se chegarmos mais perto dessas mulheres, vamos ver que, em sua grande maioria, são arrimo de família, lutam por seu direito de sobreviver em contextos de extrema vulnerabilidade e encaram situações de crise ou risco com a formação de redes de solidariedade. Mas se sentem distantes das linguagens e mesmo das agendas feministas mais recentes. E se ressentem dessa distância. Para elas, o feminismo tem claros marcadores de classe social e intelectual, o que significa sua exclusão do movimento. Falo de um sentimento bem arraigado.

Não estou, de forma alguma, sugerindo que o feminismo, seja ele o acadêmico ou o político (e neles me incluo), tenha o mínimo interesse em se afastar dessa massa de mulheres aparentemente anônima, com demandas visceralmente contextuais. Ao contrário, a desigualdade social que afeta a grande maioria de mulheres no Brasil se constitui hoje como uma das principais pautas feministas, ainda que seu encaminhamento nas populações mais vulneráveis esteja precisando de revisões urgentes. O que eu queria deixar registrado, no fechamento deste trabalho é que, para quem pensa que a pergunta "Feminista, eu?" está obsoleta em março de 2022, tenho o dever de informar que essa é uma interrogação que permanece bem atual para um número surpreendente de mulheres. Inquieta com isso, organizei o seminário Feminismos e Favelas: Diálogos urgentes, em 20 de março de 2021, que mostrou a importância dessa questão e abriu algumas pautas urgentes. Eloquente também nesse sentido é o manifesto de 2019 assinado por Nancy Frazer, Cinzia Arruzza e Tithi Bhattacharya.

Resumindo: temos uma longa estrada ainda a ser percorrida até que todas as mulheres se sintam iguais e articuladas na defesa de seus direitos. Mas essa é também uma estrada bela.

Vamos a ela.

eferê
biblio

REFERÊNCIAS BIBLIOGRÁFICAS

ALVES, Branca Moreira e PITANGUY, Jacqueline. *Feminismos no Brasil: memórias de quem fez acontecer*. Rio de Janeiro: Bazar do Tempo, 2022.

CASTRO, Ruy. *A noite do meu bem: a história e as histórias do samba-canção*. São Paulo: Companhia das Letras, 2015.

CESAR, Ana Cristina. "Literatura e mulher: essa palavra de luxo", *Almanaque*, nº 10, 1979.

CESAR, Ana Cristina. *Crítica e tradução*. São Paulo: Ática; Instituto Moreira Salles, 1999.

CORALINA, Cora. *Poema dos becos de Goiás e estórias mais*. São Paulo: Editora Global, 2016.

DINIZ, Edinha. *Chiquinha Gonzaga: uma história de vida*. Rio de Janeiro: Zahar, 2009.

FALUDI, Susan. *Backlash: o contra-ataque na guerra não declarada contra as mulheres*. Rio de Janeiro: Rocco, 2001.

FAOUR, Rodrigo. *Dolores Duran: a noite e as canções de uma mulher fascinante*. São Paulo: Record, 2012.

FONTELES DUARTE, Ana Rita. *Carmen da Silva: o feminismo na imprensa brasileira*. Fortaleza: Expressão Gráfica e Editora, 2005.

HOLANDA, Karla. e TEDESCO, Marina Cavalcanti (Orgs.) *Feminino e plural: mulheres no cinema brasileiro*. Campinas: Papirus Editora, 2017.

HOLLANDA, Heloisa Buarque de (org.). *26 poetas hoje [1976]*. São Paulo: Companhia de Bolso, 2021.

_____, Heloisa Buarque de (org.). *Quase catálogo 1: realizadoras de cinema no Brasil (1930/1988)*. Rio de Janeiro: CIEC, 1989.

_____, Heloisa Buarque de; GONÇALVES, Marcos Augusto. *Cultura e participação nos anos 60*. São Paulo: Brasiliense, 1982.

LEE, Rita. *Rita Lee – Uma autobiografia*. Rio de Janeiro: Globo Livros, 2016.

MATOS, Maria Izilda S. *Dolores Duran: experiências boêmias em Copacabana nos anos 50*. Rio de Janeiro: Bertrand Brasil, 2005.

MURGEL, Ana Carolina Arruda de Toledo. *A canção no feminino, Brasil, século XX*. Labrys (Edição em Português. Online), v. 18, p. 1-33, 2010.

REZENDE, Flavia Amaral *et al.* "Suzana Amaral: uma vida com o cinema". *Revista do NESEF*, Seção Especial – Entrevista, p. 113-119, Curitiba, jul.-dez. 2018, p. 114.

SAFFIOTI, Heleieth I. B. *A mulher na sociedade de classe: mito e realidade*. São Paulo: Editora Vozes, 1976.

SCHVARZMAN, Sheila. "Gilda Bojunga: caminhos e percalços de uma afirmação" *in* HOLANDA, Karla; TEDESCO, Marina C. (orgs.). *Feminino e plural: mulheres no cinema brasileiro*. São Paulo: Papirus, 2017.

SOARES, Angélica. *(Ex)tensões: Adélia Prado, Helena Parente Cunha e Lya Luft em prosa e verso*. Rio de Janeiro: 7 Letras, 2012.

SOIHET, Rachel. "Zombaria como arma antifeminista: instrumento conservador entre libertários", *Rev. Estud. Fem.* [online], vol. 13, nº 3, 2005.

VEIGA, Ana Maria. "Tereza Trautman e *Os homens que eu tive*: uma história sobre cinema e censura". *Significação. Revista de Cultura Audiovisual*, vol. 40, nº 40, São Paulo, 2013, p. 52-73.

VEIGA, Ana Maria. "Uma história de cinema e censura durante a ditadura brasileira: entrevista com Tereza Trautman", *Estudos Feministas*, Florianópolis, vol. 23, nº 3, p. 839-860, set.-dez. 2015, p. 852.

WISNIK, José Miguel. *in* FELINTO, Marilene. *As Mulheres de Tijucopapo*. Rio de Janeiro: Editora Paz e Terra, 1982.

Entrevistas para o livro:

Ana Carolina Teixeira Soares
Ana Maria Magalhães
Eunice Gutman
Fatima Guedes
Helena Ignez
Helena Solberg
Joyce Moreno
Lucina
Marina Colasanti
Marina Lima
Nelson Motta
Sandra Werneck
Sueli Costa
Tata Amaral
Vera Figueiredo

Este livro foi editado pela Bazar do Tempo em março de 2022, na cidade de São Sebastião do Rio de Janeiro, e impresso no papel Pólen Soft 80g/m² pela gráfica Rotaplan. Foram utilizados os tipos Minion, Meta e Din.